経営の大局をつかむ会計

健全な〝ドンブリ勘定〟のすすめ

山根節

光文社新書

目次

第4章　会計で会社を立て直す――127

まえがき

会計で世の中の流れをつかむ

「今わが国で儲かっているのはどんな企業ですか?」
「なぜ儲かっているのですか?」

この問いかけは、私がビジネスパーソン向けのセミナーでしばしば用いる最初の質問です。あなただったら、どう答えますか? 今儲かっている企業とその仕組みをどれだけ知っていますか?

これはビジネスの基本です。繁盛する企業やその仕組みを知らないと、ビジネスはできません。儲かっているのはそこにニーズがあるからで、その場所は時代とともにどんどん変わります。ニーズの有りようを知らないで、利益の上がるビジネスは組み立てられません。

ですから私は参加者の方たちがどれだけ時代認識を持っているか、まず問いかけるわけです。
でも驚いたことに、この質問に満足に答えられるビジネスパーソンはむしろ少数派です。上場企業の役員クラスの方たちすら「えーと」と詰まり、ポツポツ企業名が挙がっても後は沈黙、ということがよくあります。自分の業界ばかり見ていて、意外に世の中を広く見ていないのです。

第二次世界大戦後、わが国で「儲け頭」になった企業は劇的に代わりました。最初に儲け頭に躍り出たのは繊維の会社です。東洋紡という会社は戦後まもなくの頃は利益日本一の会社でした。その後に重工業がトップになり、鉄鋼が取って代わり、高度成長期には家電産業が日本一になりました。松下幸之助さんが作った松下電器産業です。

銀行が日本一になったときもありましたが、その後トヨタ自動車がトップに躍り出て、まさに自動車の時代が来て今日に至っています。

利益動向を見れば、その時代の移り変わりがよくわかります。

そして当たり前のことですが、利益の有りようを直接教えてくれるのが会計です。

会計の一つの役割は、「利益を計算すること」です。簡単にいえば「売上－費用＝利益」となるわけですが、それを表にしたものが財務諸表の一つ、損益計算書です。それに基づき、毎年、儲けた企業の利益ランキングが発表されます。その利益ランキングを見れば、どの辺に大きなニーズがあるかが見えてきます。そしてそれを掘り下げれば、時代の底流を読み取ることができます。例えば前の年に大儲けした企業が、翌年利益を大幅に落とせば、市場の変化を読み取ることができるわけです。

でも多くのビジネスパーソンは、こういった目的のために、財務諸表を利用しているようにはあまり見えません。時代の流れをつかんでいない経営者や管理職が、何と多いことか。それが講演やセミナーを毎年数多くこなす私の実感です。

時代の寵児は赤字会社！

「儲かっている企業はどこですか？」という質問には、よくその時々にマスコミをにぎわしている企業名が挙がってくることがあります。最近でいうと、例えば「楽天」「ライブドア」「ソフトバンク」……といった企業です。体質の古いプロ野球界を揺るがした革新企業の代表選手として、もてはやされました。

そこで私が次のように続けると、ビックリする人が多いのです。

「楽天は5年間最終赤字、それも巨額赤字の会社ですが、知ってました？」

「ソフトバンクは1000億円レベルの営業赤字をここ4年間続けている会社ですが、ご存じですか?」

これはもちろん本当です。

私にいわせれば、これらの企業は評価の分かれる企業です。

私はこれらの企業に対して否定的ではありません。とはいえプロ野球協会がこれらの会社を「プロ球団を保有する財務基盤を十分持っている会社」と結論付けたことに対しては、不思議で仕方がありません。もちろん赤字でも預貯金は豊富に持っているので、財務基盤が厚いことは認めます。しかし一応そこそこの黒字経営を続けているライブドアを退《しりぞ》けて、赤字の楽天やソフトバンクを合格させる理由について、もう少し説明が必要のように思います。

それはともかく、楽天やソフトバンクの業績が大赤字なのは、財務諸表を見れば一目瞭然です。なぜ赤字なのかも、分析すればわかります。そしてその赤字も時代そのものを象徴しているわけです(これらの企業の構造は第3章で詳しく説明します)。

今の世の中で儲かっている企業も儲かっていない企業も、財務諸表を見れば一発でわかります。つまりアップ・ツー・デイトなビジネスの大筋は、会計情報で大局的につかむことができるのです。

こんな有力な情報が身近にあるのに、ビジネスパーソンの間であまり利用されないというのは、どうしたことでしょうか？

そして、大局を見ていない人がリーダーの地位にあるとしたら、そんな組織は大丈夫でしょうか？

「上司のいるリーダー」と「上司のいないリーダー」

リーダー待望の時代といわれています。日本は未だに「失われた十数年」といわれます。この混迷状況を打開し、新しい地平を切り開くリーダーの登場を日本は待望しているのです。

リーダーには2つのタイプがあります。「上司のいるリーダー」と「上司のいないリーダー」です。上司のいるリーダーというのは、例えば部長さんや課長さんたちのことで、この方たちも（部門の）リーダーですが、上には社長や役員という上司がいます。ほとんどの場合、社長には上司はいませんので、社長が上司のいないリーダーというわけです。

この2つのリーダーには大きな違いがあります。一つは目線の高さです。言い換えれば、環境認識のレベルの違いです。大局観を持ち合わせているか、いないかの差です。

もう一つは「孤独な意思決定」というシビアな役割です。上司のいないリーダーは最終的

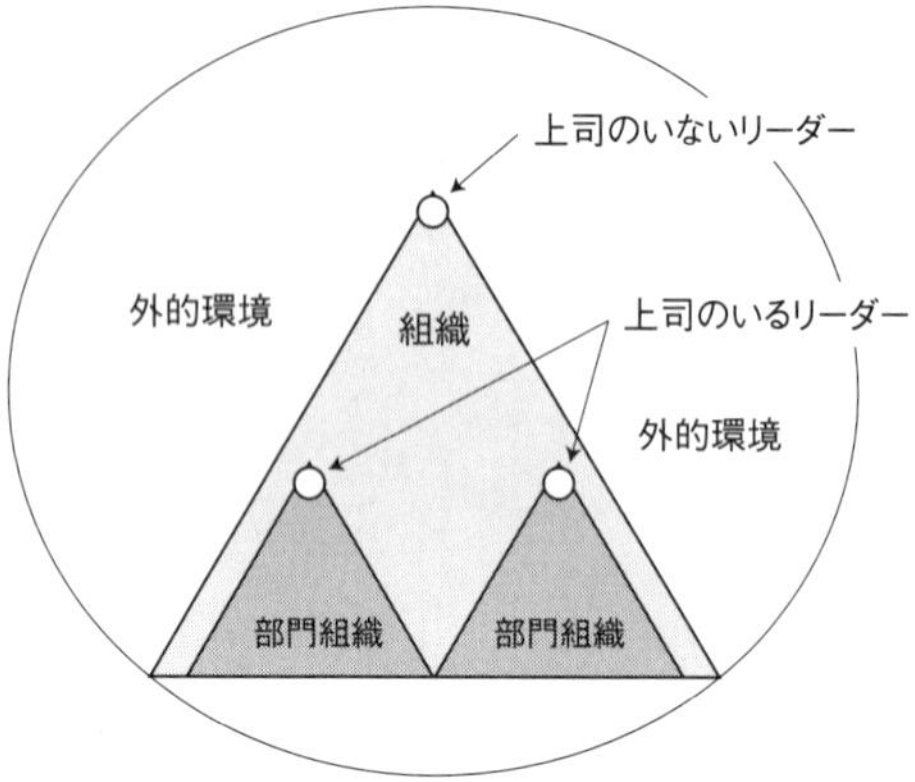

な意思決定をする際に、頼れる人がいません。でも上司のいるリーダーはいざとなれば、上司に寄りかかることができます。外からは見えにくいものですが、「孤独に耐える」という心理的な重圧の有無は、実は大きな差なのです。

2つのリーダーの関係を模式図で表すと、上の図のようになります。

上司のいないリーダーはいつも外的環境に身をさらしています。したがって環境が変化すると、それを敏感に感じとれるポジションにいます。目線の位置も高いので、視野が広いのです。もちろん中には偶然社長になった、地位にふさわしくない人もいるでしょう。しかし感度が鈍ければ、会社はつぶれます。だ

2つのリーダーの関係

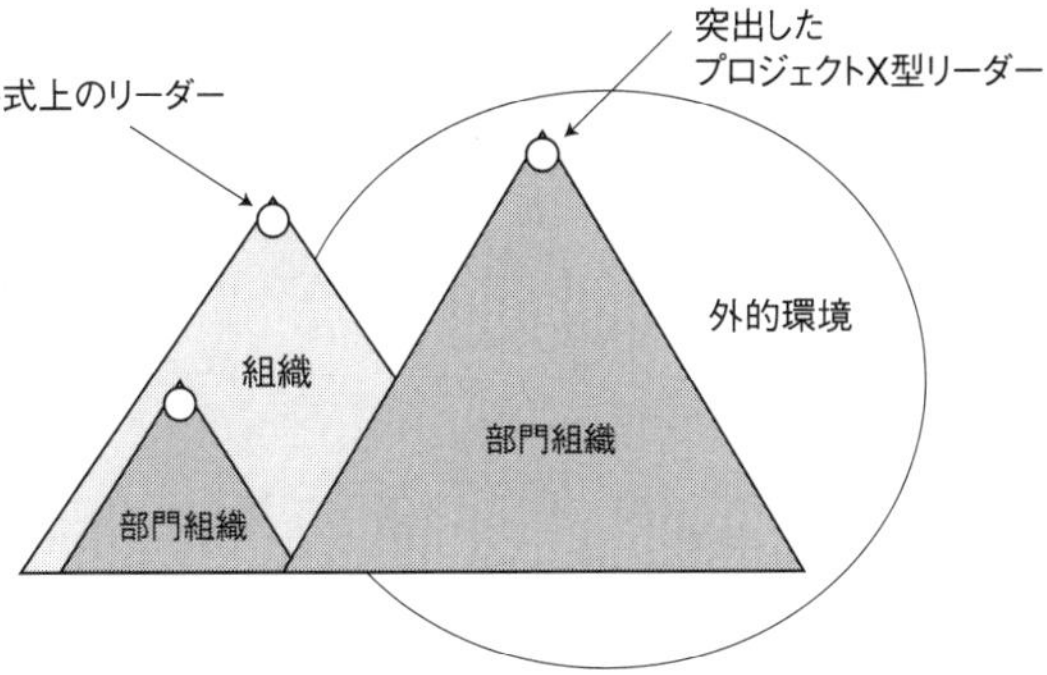

から上司のいないリーダーは、環境に目を見開こうとします。これが本来のリーダーの姿です。

これに比べて、上司のいるリーダーは、〝社内〟という環境に浸かっています。したがって外的環境の変化に対して感度が鈍く、社内環境ばかり見る「ヒラメ」化する傾向にあります。会社が調子のいいときは、「社内営業80％」でも生きていけます。しかし社内ばかり見ていれば、外的変化に遅れるのは当然です。会社が傾き始めると途端にオロオロするばかりで、新しい方向を示せず、部下を不幸にするのがこんなリーダーたちです。

ただし上司のいるリーダーにも例外がいます。それは「プロジェクトX」型リーダーです。あのNHKの人気番組に多く登場したのは、上司のいるリーダーですが自立した人たちでした。

プロジェクトX型リーダーは、社長の無理解や上司の強い反対に遭いながら、〝隠れプロジェクト〟を成功させた人たちです。会社という枠を外れた生き方をし、しかも会社を救った部門のリーダーたちです。技術と時代のゆくえを見つめ、その将来性を信じ、時にはウソをついてまで開発費や開発資材をせしめてきて、周囲の冷たい視線の中で部下を擁護しつつプロジェクトを完遂した人たちです。

プロジェクトX型リーダーは、新しい方向性を示せない上司（形式上のリーダー）のもとで、それにあえて逆らい、自らの信念で環境を見つめ、道を切り開いた人たちです。このリーダーは13ページの図のように、いわば上司の庇護下にある社内という枠を超えて、外的環境の中に突き出ている人たちだといえます。

今の日本が求めているのは、この「プロジェクトX型リーダー」か、または本来の「上司のいないリーダー」なのです。

嵐に巻き込まれた船の船長は、マストに登って荒波の勢いや潮の流れを見つめ「あっちを目指せ！　そうすれば助かる！」と叫ばなければなりません。今のリーダーに必要なのは、時代状況を見つめる大局観と自立した意思決定能力です。

そのリーダーの大局観を支える重要な情報源が、会計情報です。

会計情報のリテラシー（読み書きの能力）は、今のリーダーにとって欠かすことのできない能力といい切ることができます。残念ですが、会計リテラシーを持ち合わせていないリーダーに、企業経営を率いることはできません。

このことはこの本で何度でも繰り返してお伝えしたい、私のメッセージです。

ビジネスを知る会計アマへの本

この本はビジネス経験を多少なりとも持っておられる方たちに向けて、財務諸表を読む力をつけていただくために書かれたものです。

会計の本は世の中に溢れています。しかしそれらは、ビジネスパーソンたちの需要に満足に応えたものでしょうか。書店に並ぶ会計の本は、大まかに2つに分けられます。失礼を承知であえていうと、一つは「ビジネスを知らない会計専門家が書いた本」です。これらの本はテクニカルな説明が優れています。しかし会計専門家は大方ビジネスを知らないので、本質的な利用の仕方が説かれていません。これらの本で勉強しても、財務諸表は作れるかもしれませんが、使い方を知らない人しか育ちません。

もう一つは「経営者が書いた会計の本」です。数は少ないですが、例えば京セラの稲盛和夫さんが書いた本などが、それに当たります。これらの本は、経験に基づいて本質的な使い方を教えてくれます。私も好きでよく読みます。しかし初学者にとっては、テクニカルな説明が不足気味のように見受けられます。実際に財務諸表などはあまり出てきません。

私が書きたいのはこの溝を埋める本です。

私は吹けば飛ぶような会社でしたが、そこで13年間経営者を務めました。その後慶應義塾大学ビジネススクールにトラバーユし、学者になって11年経ちました。別に誇るほどの経験ではありませんが、経営と教育の両方に関わり、「経営の大局観のための会計教育」に携わってきました。そのノウハウを著したいと書いたのがこの本です。

会計は大局をつかむツールです。しかしビジネスパーソンの多くは、「会計と経営は別」と思っています。マーケティングや研究開発部門で働く人たちは頭の中で、自分たちの仕事と会計を別物と切り分けています。人事や情報システム部門の人たちも、会計は自分たちと関わりの薄い特殊なものと考えています。しかし会計の本質は、そうしたものではありません。

例えばマーケッターにとって、会計はマーケティングの基本である「世の中のニーズのありか」を教えてくれる重要なツールです。立案したマーケティング計画の適不適を教えてくれるツールでもあります。研究開発に携わっている人たちには、事業性の高い研究開発テーマを示唆《しさ》します。人事の人にとって、「人材のパフォーマンス」や「人材市場の将来動向」がわかる道具です。会計は皆さんのビジネスに密接につながっているツールなのです。

身近なビジネスモデルから会計センスを磨く

私はこの本で、そのつながりを皆さんにお見せしたいと思います。頭の中で別物と切り分けている先入観を壊したいのです。身の周りに転がっている情報は、すべて会計とつながっています。このつながりが見えれば、会計は実に身近な、容易に使いこなせるツールなのです。

例えばこうです。

私はわが校の学生さんたちに、よくこう言います。

「いつも世の中にアンテナを張っていなさい。例えば好きな人と流行りのレストランに行ったとき、ただボーッと飯を食ってちゃダメだよ。なぜ流行るのか？　そしてどんな事業モデルで商売しているのか、常に考えなさい」と。

会計のセンスを持っていない人は、流行りの店を見ても「へぇーっ」で終わります。しかし会計センスを持っていると、現場に行っただけでビジネスの全体像を頭の中に描くことができます。

例えばレストランのメニューを開けば、おおよその客単価（1人当たりの売上金額）がわかります。「この店は客単価5000円程度」とかです。

さらに席数と開業時間や滞在時間を見れば、日々の売上の見当がつきます。「1日の客数はこの程度。5000円かける人数で売上はこのくらい。1ヶ月ではこれほど」という計算が暗算でできます。

さらに内装を見れば、おおよその設備投資額がわかります。「この広さでこの内装だと6000万円くらいかかっているな」

そしてホールのサービス係や料理人の数から人件費が推測できます。食材コストや付帯的な経費は、業界の公表資料でも大方つかめます。「材料費と人件費と経費はこれこれ」というわけです。

つまり流行りのレストランに行けば、その事業のリアルな全体像がアバウトに推測できます。投資見積りや利益の計算ができてしまいます。実は財務諸表の全体像すら、頭の中ででてきてしまいます。「なるほどこういうやり方だと、このくらいの売上や利益が上がるのか」、「世の中はこの流れか」といったことがわかるわけです。

レストランでいつもこんなことを考えていれば、恋人や家族に嫌がられるかもしれません。でもどこに行ってもこんな考えをめぐらせられれば、あなたはビジネスのエキスパートになれます。そしてそれを支えてくれるのが、ちょっとした会計センスなのです。

私はこの本で、皆さんの身近な情報が財務諸表などの会計情報とどうつながっているかを、できるだけわかりやすくお見せするように努めたつもりです。それが成功したかどうかは、皆さんのご判断にお任せする以外ありません。しかし今までの類書とは違う切り口から、会計というものの本質的な役割を垣間見ていただけたら、著者の喜びとするところです。

第1章　リーダーに必要な〝ドンブリ勘定〟

リーダーに欠かせないのは情報リテラシー

「リーダーにとって、必要な能力とは?」という問いかけは、経営学の世界でも昔から引きずっているテーマです。

サラリーマン向けの雑誌を開いても、先見性、決断力、行動力、高い志、勇気……等々いろいろ出てきます。リーダーには「ウォーム・マインド」と「クール・ヘッド」が必要だともよくいわれます。

マインドを別にすると、私は「リーダーに欠かせないのは情報リテラシーだ」といつも言います。

情報リテラシーというのは、読み書き話す能力や算盤の能力のことです。情報行為能力のことをいいます。単純にいえば、クールな頭脳のことです。

情報リテラシーの第一歩は、「ピンと来る」かどうかです。状況を読む力、状況認知能力です。人の目の前には、チャンスや変化のシグナルが常に流れています。シグナルは誰の前にも平等に流れているはずなのですが、ただ多くの人は気づきません。情報リテラシーに優れた人とは、このシグナルにピンと来る人です。

セコムの創業者・飯田亮《まこと》さんは、友人からヨーロッパに警備業の会社があるという話を聞いて、セコムの創業を思いつきました。ピンと来たわけです。でもそんな情報は当時既に数多くの人が聞いていたはずです。「チャンスの神様の前髪をつかめ」という諺《ことわざ》がありますが、飯田さんはまさにその前髪をつかんだのでしょう。ピンと来ると、それを革新的な企業創造にまで発展させてしまう人もいるのです。

アンテナ感度の鋭いリーダーは、町を歩いていてもピンピン来ます。渋谷を歩けばピン！流行の店に入ればピン！です。

そして情報リテラシーの２つ目は、問題解決能力です。状況を的確に把握して、その問題を解決する手立てをデザインする力です。

かつてホンダのシビック開発チームが、車種展開のバリエーションで悩んでいるときがありました。クーペやセダン、ワゴンと車種展開していくとき、部品をできるだけ共通化できればコストを抑えることができます。しかし部品を共通化していくと、自由度が限られてそれぞれが面白いデザインになりません。コストとデザイン展開はジレンマなわけです。ホンダはその頃、裕福な企業ではありませんでしたから、開発チームはコストを安く上げられるように量産効果の効く形にしたかったわけです。

そんな悩みに直面しているとき、当時ホンダの社長だった河島喜好《きよし》さんがフラリとやってきて、言いました。

「簡単じゃないか。外板を変えればいい。外板の金型なんか安いもんだ」

車種それぞれで外板デザインを変えるのは、決してコストが安いとはいえませんが、「デザイン優先でいけ」という解決の方向性を示唆したわけです。この言葉で吹っ切れたスタッフは思う存分、デザイン力を振るいました。結果として、CR－XやシビックシャトルなどにN車種展開したワンダー・シビックは大ヒットしました。

経営はいつもジレンマの中にあるといえます。その中で問題解決の方向性を意思決定し、示してあげるのはリーダーの役割です。

さらに3つ目が、発信能力です。この「話す」とか、「伝える」「発信する」という情報リテラシーは今日、特に重要と考えられるものです。

結局、人を動かすのはこの発信能力に依存するからです。

行動力も情報発信能力

私は職業柄、企業のトップによくお会いします。トップを交えた社内ミーティングにも出席したりします。最近そんな場でトップの話を聞くと、その人がいったい何を言いたいのか、よくわからないということがあります。大企業のトップにもそんな人がいます。気持ちがわからないことはないのですが、回りくどくて結局よく伝わらないのです。これではビッグビジネスを切り盛りすることはできないと思います。

会社にはいろいろな人が働いています。価値観や意欲や理解レベルはそれぞれ違います。そんな人々に向けてクドクドと話しかけても、およそ全員のベクトルを合わせることはできません。「心の琴線に触れる短い言葉」こそ、リーダーに期待したいものです。困ったことに、わが国には「話し下手」のリーダーがまだ少なくないのです。

3年ほど前に、私の教える慶應義塾大学ビジネススクールに日産自動車のカルロス・ゴーン社長が講演に来てくれました。ゴーンさんの話は非常にわかりやすいものでした。英語がわかりやすいだけでなく、さらにその中にはキーワードがよく出てきます。「コミットメント」や「ＮＩＳＳＡＮ１８０」などです。

「ＮＩＳＳＡＮ１８０」は5年間で売上台数を１００万台増やす、利益率を8％まで高める、借金をゼロにする……などのゴーンさんの約束（コミットメント）を簡潔に表した言葉です。それを実現するのが、クロス・ファンクショナル（機能や役割を横断して協力し合うような）の調和の取れた組織体制だ、という具合に話は進行します。これらのキーワードを用いることによって、彼の経営のポイントが聴衆に的確にイメージできるようになります。ゴーンさんの話は身振り手振りも交えてメッセージがよく伝わったのでしょう、学生に大人気でした。リーダーの発信能力はこうあるべきだなと感じさせる典型的な人でした。

さらに、リーダーには「行動力」「実行力」が最も大切だとよくいわれます。ゴーンさんも行動力のある人です。しかしリーダーの行動力というのは、別に自ら現場に出て行って現場の人に代わって作業するという類《たぐい》のものではありません。確かにリーダーのほうが現場の経験は長いに違いありません。しかしリーダーが自ら手を下したのでは、現場はやっていられなくなります。

時折、経営者がハッピを着て売り場に立ったりします。生産現場に立って、具体的な指示を出したりします。危機管理の現場では陣頭指揮を執ったりもします。でもそれはシンボリックな行動を取ることで、実は社内に向けたメッセージを送っているのです。

リーダーは現場を支配することを目的にするのではありません。現場に動いてもらうことが大切なわけです。それは親の役割と一緒です。「リーダーは背中で説得する」のが本筋です。そう考えると、リーダーの行動力というのは、実はメッセージ発信という情報能力（リテラシー）の表れなのです。

リーダーはいわば組織のヘッドです。頭脳です。組織のパフォーマンスは、その頭脳の中身によって決まるといっても過言ではありません。リーダーがアホなら、組織は潰れます。でもそれは考えてみれば、当たり前のことですよね。

名経営者は優秀なコピーライター

ところで情報は、「言語」を使って収集し加工し伝えられます。情報リテラシーの本質は言語能力なのです。

私はリーダー、特に企業経営に関わるリーダーにとって必要な情報リテラシーは、「経営の3言語」の能力だと常々言っています。経営の3言語とは、自然言語、機械言語、会計言語の3つです。

自然言語（Natural Language）とは、一義的に母国語を指します。日本語がキチンと操れない人は、職人には向いても組織のリーダーには向きません。それは確信を持っていえます。

私は経営者の著作をよく読みますが、私にいわせると著名な経営者は「優れたコピーライター」です。

図表1-1　経営の3言語

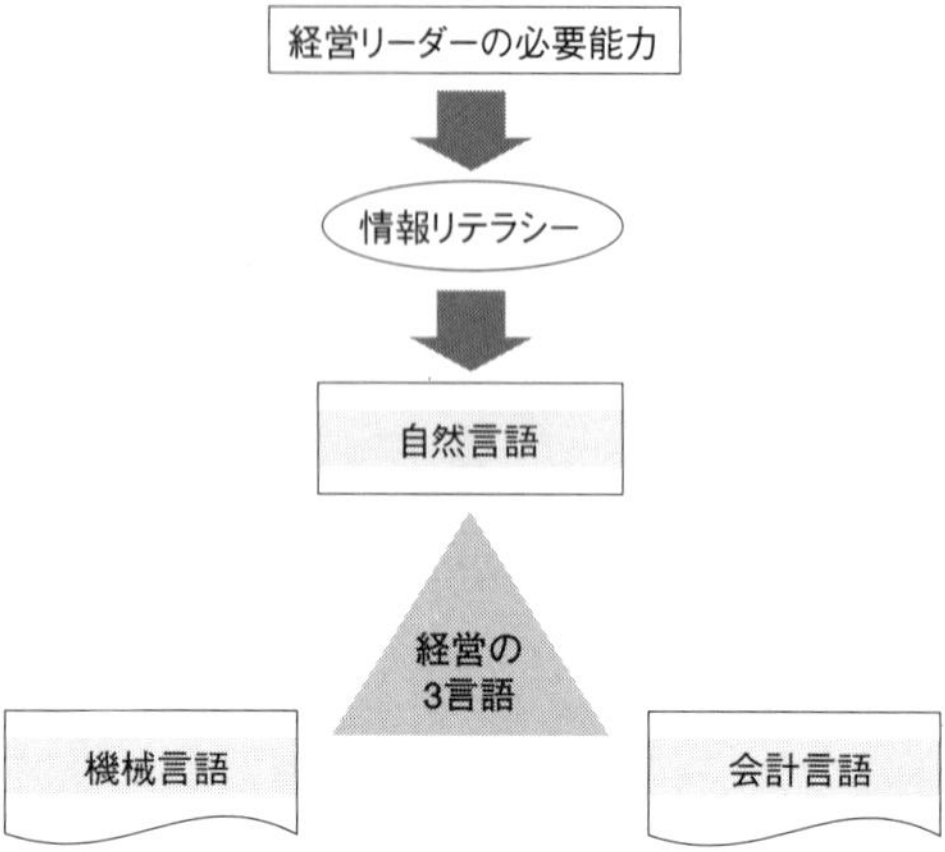

例えば松下幸之助さんは「経営の神様」といわれた人ですが、病気がちだったために電話で工場長に指示を出さざるを得ず、いわば言葉の力で人を意のままに動かした人です。ですからコピーライティングの才能は抜群です。松下幸之助さんが作った言葉はたくさんあります。「事業部長」や「事業部制」という言葉を幸之助さんが創造したのは、一九三〇年代のことです。「ガラス張り経営」とか、「銀行は雨の日に傘を取り上げる」なんて面白いことを言ったのも幸之助さんです。

また、私は本田宗一郎さんのファンですが、本田さんは尋常小学校しか出ていない人とは思えないほどの天才的なコピーライターでした。本田さんが書いた「マン島TTレース出場宣言」は、今読んでもグッと来ます。現在でもホンダ社内で配られているというのも、わかる気がします。著作もたくさんあるので、ぜひ一度読んでみてください（「宣言」はホンダのホームページに掲載されています）。

現代でいうと、前出のセコム・創業者の飯田亮さん、ヤマト運輸・元会長の小倉昌男さん、花王・元会長の常盤文克《ときわふみかつ》さん、イトーヨーカ堂・ＣＥＯの鈴木敏文さんなどといった方たちも、立派なコピーライターです。

言葉が洗練されていない人は、人がグッと来るようなセリフが吐けません。実は「ピン！」も来ません。著名な経営者は情報感度の高い、自然言語の優れたリテラシーの持ち主なのです。

会計は世界最大の言語

２番目の機械言語とは、コンピュータ・リテラシーのことを指しています。コンピュータ言語は今日、プログラム言語（Program Language）の代表選手です。コンピュータや携帯端末の発達のおかげで、われわれは機械言語を通して広く情報収集し、加工し、発信することができるようになりました。今やコンピュータ・リテラシーなくして、仕事はできない時代になってしまいました。

そして3番目の情報リテラシーが、もう一つのプログラム言語、会計言語の能力です。会計も経営に関する情報を収集し加工し発信する手段、という意味では言語なのです。

経営の3言語にはそれぞれデファクト・スタンダードがあります。そしてその中でデファクトが最も広く普及しているのは、実は会計言語です。

自然言語のデファクトは英語といわれていますが、英語を話す人は現在どれくらいいるかご存じですか？　地球上の人口63億人のうち、英語を話すのはおよそ1割弱程度だそうです。世界で最も使用人口の多い自然言語は中国語（北京語）で、地球上の約2割の人が使っているので、実は英語は北京語に負けています。

機械言語といえば、今インターネットにアクセスしてコンピュータや携帯端末を使用する人も、地球レベルで見れば、まだやっと1割に過ぎません。

会計言語のデファクト・スタンダードは、資本主義会計です。英語やインターネットの普及率が1割程度なのに比べると、ほぼ全世界の国々に普及しているのが、実は会計言語なのです。

会計言語体系は、制度的に国単位で導入されています。細かい制度内容は国の事情によって異なります。したがって会計にはいわば方言が存在するわけですが、ほぼ同じ構造の言語体系が全世界に普及しているということができます。すごいと思いませんか？

ちなみに今のところ、資本主義会計の中でも企業にとって最も厳しい内容を持っているのが、国際会計基準による会計です。二〇〇五年現在で、この国際会計基準を導入している国は92ヶ国に上るそうです（二〇〇五年一月十日付　日本経済新聞より）。

なぜこんなに普及したのかといえば、理由は簡単です。資本主義会計を拒絶していた勢力がなくなっていったからです。拒絶していた勢力とは、一つは社会主義圏です。そしてもう一つがイスラム社会です。

社会主義の国々は資本主義会計を取り入れている、どころの話では今やありません。資本主義の先端を走っています。それは中国やロシアを見ればわかります。特に中国は市場経済を取り入れ、会計士制度ができ、会計教育専門の大学院などもせっせと作っています。国際会計基準を導入する準備も進めています。

イスラム社会は資本主義会計というより、資本主義を容認できない価値観を持っています。イスラム教は砂漠という苛酷な自然環境の中で生まれた、お互い助け合うという考え方の強い互恵の宗教です。したがって相手が困っているのに、貸したお金を取り立てるというのは教義違反です。不良債権の取立てはもってのほかというわけです。

また利子を取るというのもイスラム法違反の行為です。果実が生まれたら皆に配るというのは奨励されますが、果実も生まれていないのに利子をむしり取るのは宗教上許されないのです。

とはいえ現代では、国際社会から孤立して国家の運営はできません。サウジアラビアやイランなどの銀行や大企業では、国際的な資金市場にアクセスするためにも資本主義会計を導入せざるを得ないわけです。それらの銀行などでは利子を配当といい換えて、会計を導入しているそうです。しかし不良債権の回収はしないと聞いています。

というわけで資本主義会計のフィールドは、ほぼ全世界ということになりました。したがって会計リテラシーがあれば、世界の企業の情報を利用することができます（〃方言〃の理解は必要ですが）。多少大げさですが、世界中にメッセージを送ることができ、世界を股にかけた経営を行なうことも可能なのです。

経営の全体像を写し出す唯一のツール

前置きが長くなりましたが、では会計言語とはいったい何なのでしょうか？

少し難しい言い回しになりますが、会計言語とは「経営の全体を写像化するツール」です。皆さんにまず経営というものをイメージしていただきたいと思います。どこでもよいのですが、例えばご自分が勤める会社の経営を頭に描いてみましょう。

皆さんが「自分の会社を説明せよ」と言われたとします。どんな説明をしますか？

皆さんの会社はいろいろな経営の側面を持っているはずです。たくさんの種類の品物を作り（製品やサービス）、いろいろな地域に工場や営業所を持っています（設備資産や立地）。様々な技術やノウハウを持っています（技術）。たくさんの人が働き（人材）、特異な歴史や企業文化を持ち、一定のブランド・イメージも作り上げていることでしょう（沿革、カルチャーやブランド）。これらはいずれも皆さんの会社の説明要素です。そしてこうした説明要素は挙げれば切りがないほどいろいろあります。本にまとめても、一冊や二冊で済まないかもしれません。

さらに会社には多くの従業員が働いているわけですが、従業員のオフィスアワーの活動も経営の一面です。それらは有機的につながっているはずですが、でも個人個人バラバラでとらえどころがありません。

さほど、経営の全体をとらえることは容易ではないのです。

図表1-2　会計=経営全体の「写像」

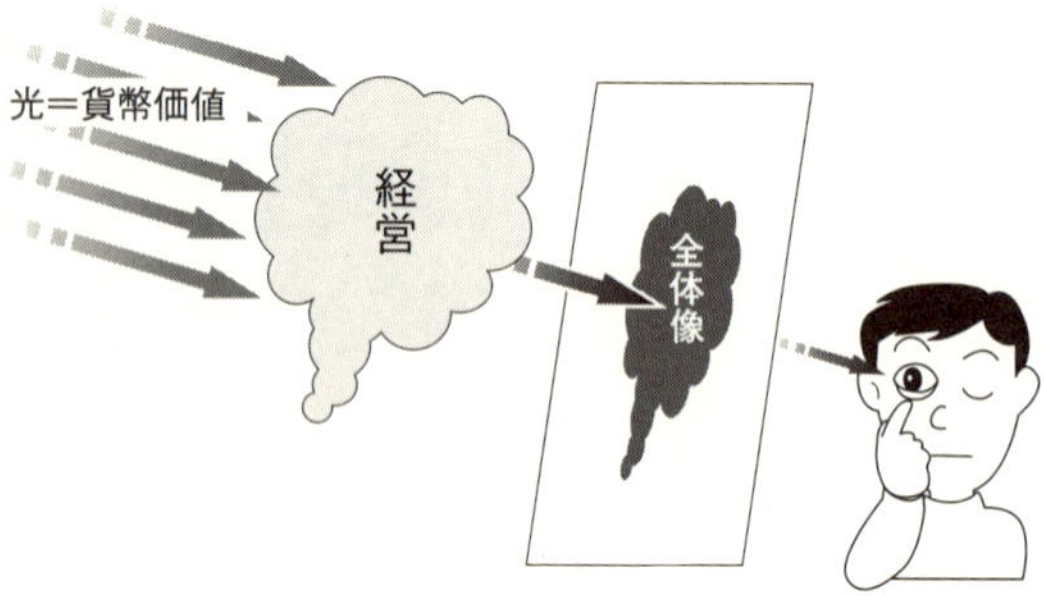

しかしその中で会計は、「経営を包括的かつ統一的にとらえるツール」なのです。しかもこの世の中にこのような性格を持ったツールは会計以外に存在しません。全体をとらえるという意味では、この世で〝唯一〟のツールが会計です。

会計の他に、経営を包括的にとらえる手段はこの世に存在しない（!・）、というのはすごいことだと思いませんか?

ではどうやってとらえるのでしょうか?

上の図を見てください。

会計はまず経営活動に光を当てます。その光は貨幣価値という光です。光を当てると、反対側にある平面に写像が投影されます。これが財務諸表であり、会計情報です。

これは一種の平面図です。いわば立体を平面図化したものなので、欠点も多々あります。貨幣価値という光に反応しないものは、すべてこぼれ落ちてしまいます。しかししつこいようですが、この種の全体をとらえるツールは他にありません。したがって逆にいえば、経営をトータルにとらえるためには、財務諸表を利用せざるを得ないのです。

われわれは少し経験を積むと、この平面図を見ることによって、立体的な経営活動を頭の中に再構成することができるようになります。使い慣れてくると、平面図を見て立体像をイメージできるようになります。この行為が「財務諸表を読む」ことです。

財務諸表を読むことによって、企業をトータルにとらえ、問題の全体像を把握することができます。

「財務諸表の読めない企業家」は「地図の読めない登山家」と同じ

「経営者にとっての財務諸表」はよく、「登山家にとっての地図」や「航海士にとっての海図」にたとえられます。

地図というのは、例えば山があれば、山の地表面を等高線で切り取って平面図に投影したものです。地図から漏れ落ちる情報もたくさんあります。実際に山が季節ごとにどんな色をしていて、どんな木や石があるのか、といったことを細かく教えてはくれません。

しかし地図は山をとらえる唯一のツールです。地図なくして、登山家は山の全容をとらえることができないわけです。全容をとらえられなければ、登山家は登山計画一つ立てられません。

地図の読めない登山家が存在しないように、財務諸表の読めない企業家は本来存在しません。全容把握のできないリーダーは、メンバーの命を危険に晒《さら》してしまうのです。

登山計画といいましたが、登山家は地図をもとに綿密に計画を練り、道筋を決めていきます。

会計も同じことができます。会計の総合性を活かして、構想を練り、その構想の全体像を描いてチェックすることができます。

自分の会社の未来を思い描いたとします。皆さんなら、どんな将来構想を描きますか？ある人は「こんな製品を世の中に生み出していきたい」と考えるでしょう。またある人は「こんな事業分野で存在感のある企業を目指したい」と考えるに違いありません。また経営者ならば「優れた人材を輩出するような企業を作りたい」と考えるかもしれません。

その皆さんの「製品」や「事業」や「人材輩出」といった構想が、合理的でバランスの取

図表1-3　会計=構想全体の「写像」

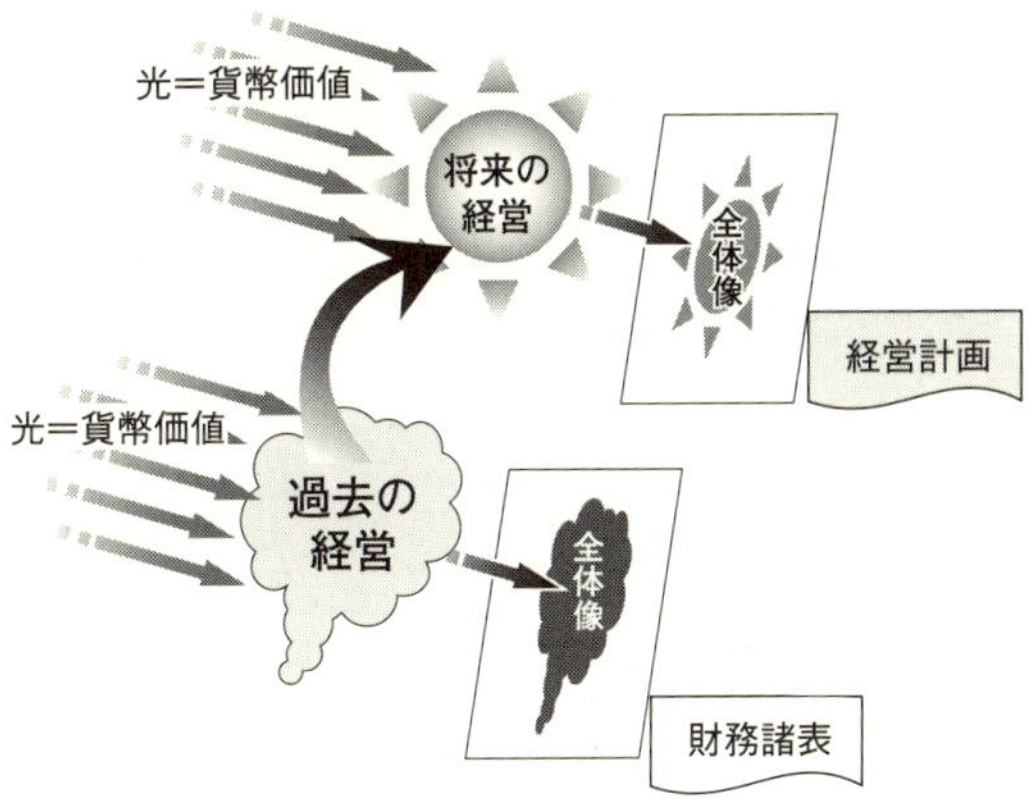

れた実行可能なものか、どうやってチェックするのでしょうか？

こんなとき会計の力が活きます。皆さんの構想に貨幣価値という光を当てて、像を写し撮るのです。そうして投影した写像がバランスの取れたカッコのいいものかチェックします。それが経営計画のプロセスです。経営計画は会計の機能を使って作られています。

財務諸表は過去の経営活動の写像ですが、会計は経営計画（予算も含めて）という手段を通じて、将来構想も写像化することができるわけです（〈図表1－3〉）。

健全な〝ドンブリ勘定〟のすすめ

ここで会計の勉強の仕方についてアドバイ

スします。

私は実務家向けの講演やセミナーによく呼ばれます。ビジネスパーソンたちの一番多い質問はやはり「会計が苦手なのですが、どうやってマスターすればいいのですか？」というものです。

この質問に、私はいつもこんなふうに答えています。

「言語の習得方法は皆同じです。目的によります。もしあなたが経理マンになりたいのなら、簿記学校に少なくとも半年から1年通って、複式簿記と会計学をきっちりマスターすることをお勧めします。

でももし仕事で会計の使える経営管理者になりたいのでしたら、いきなりリアルな財務諸表と格闘することをお勧めします」と。

私がこう答えるのは、そんなふうに会計をマスターした実務家をたくさん見てきた経験からです。

例えば、既に亡くなった方ですがKさんという中小企業の社長さんがいました。私が駆け出しの公認会計士として監査法人に勤めていた頃に、お付き合いさせていただいた方です。マージャンがめっぽう強い方で、私はマージャンの勝ち方まで教えてもらいました。

Kさんは勘の良い方で、複式簿記などまともに勉強していないのに、会計を平然と使いこなしていました。私にいわせれば、彼は「健全なドンブリ勘定の達人」でした。

Kさんの会社はそこそこ業績を伸ばしていたので、いつも運転資金が不足していました。私が作成をお手伝いし、チェックした財務諸表を持って、Kさんは頻繁に説明のために銀行に通っていました。私も時折同行しましたが、財務諸表を前に置いた彼の説明は、簡潔で要点を突いたものでした。その要点の押さえ方は〝会計スペシャリスト〟のはずの私の力を超えていました。何か別次元のレベルを感じたものです。

Kさんは銀行マンが財務諸表のどこに関心を抱き、何を説明すれば納得するのかを経験的に知っていたのです。例えば銀行マンは、ムダな投資や費用支出に過敏です。Kさんはやや膨らんだ資産や費用の金額を指しながら、それらが活きた支出であり、いつ頃の売上に返ってくるものか、さりげなく説明します。相手は当然、喜ぶわけです。

彼は会計の専門家でなくとも、財務諸表の読み方・使い方を、資金繰りの苦労という実践を通じて体得したわけです。また財務諸表だけでなく、営業所から上がってくる業績報告を見ても、そこで起こっている事態をすぐさま見抜く力を持っていました。費用の使い方を見ていれば、その営業所長が今何を考えているか、想像がつくらしいのです。

私はいちいち「なるほど」と思ったものです。そして実践こそが、本質的な学習の近道であることを思い知らされました。

最初から財務諸表と格闘する

先ほども触れたように、経営の3言語の習得の仕方は実はすべて同じです。

コンピュータ・リテラシーについていうと、私はもはやパソコンがないと仕事になりません。しかし画面上部にある「ツールバー」の意味が未だによくわかりません。マニュアルも満足に読めず、初期設定も満足にやれないパソコンの素人です。

それでも今は仕事に全く支障がないほど、十分にパソコンを使えます。講義もすべて自家製のパワーポイント画面を使ってやります。私はパソコン講習会などに通ったことがありません。今日あるのはパソコンとここ数年ひたすら格闘したおかげです。

ただし、もしパソコンを完璧に使いこなしたければ、学校に通って一からプログラミングを勉強すべきです。

英語の習得も同様だと思います。

私が米国スタンフォード大学でお世話になったとき、アメリカに住んで15年ほどになる友人の助けを借りました。彼はアメリカ企業に勤め、奥さんもアメリカ人で、流暢《りゅうちょう》に英語を使いこなす人です。こんな彼が面白いことをいいました。

「家内の友人のパーティーに呼ばれると、何をしゃべっているのかよくわからず、一人で立ち尽くす」というのです。

その理由を尋ねると、まずジョークがよくわからないというのです。

ジョークは、そこにいる誰もが知っている事柄に引っ掛けて笑わせるものです。アメリカ人のオーソドックスなジョークは、その60～70％ほどが「マザーグース、聖書、シェイクスピア」に引っ掛けて、繰り出すのだそうです。小さい頃マザーグースで育ち、教会に通って聖書を読まされ、学校に上がるとシェイクスピアが必ず出てくるからのようです。それが移民国家アメリカの人々の共通体験であるわけです。

したがってもしネイティブ・スピーカーと完璧にやり合いたいのであれば、アメリカの文化的背景から勉強しなければなりません。まずマザーグースや聖書、シェイクスピアを原書で読まなければなりません。

でもそれは多くの人にとってムリだと思います。特に多くのビジネスパーソンは、仕事で英語が使えればいいと考えているはずです。だとすれば、格闘するほうが早いわけです。ほとんどの日本人は多少の英語の素養を持っています。だからＮＯＶＡ（!?）に飛び込んで、ネイティブ・スピーカーといきなり会話するほうが早いのです。

会計も事情は同じです。会計を完璧に使いこなしたければ、会計学校に真っすぐ行くべきです。でも多くのビジネスパーソンにとっては、それはコスト・パフォーマンスに合いません。ビジネスで不足なく使えればよいという人が多いと思います。

ならば私は会計も、実際の財務諸表との格闘から始めたらいい、と思っています。

例えば今伸び盛りの企業の財務諸表を読んで「どうしてこんなに儲かるの?」を素朴に考えたほうがいいのです。有名な倒産会社の財務諸表を読んでも、面白いです。

自分の会社の財務諸表を読むのはもっと面白いと思います。皆さん多かれ少なかれ自分の会社のことを知っているわけで、それがどんな全体像に納まっているか、読んでいけばわかります。ライバルの実像も多少知っているなら、「ライバルと比べてどこが違うか?」をつらつら考えていくと、財務諸表は読めます。

Ｋさんがそうであったように、簿記の仕訳ができなくても会計学がわからなくても、会計リテラシーは「格闘」からマスターすることができます。そして実はそれがショートカットの王道のように思います。

このことは私の経営実践と教育実践からの結論です。

財務諸表からリアルな経営をイメージする

私の考える一番良くない学習方法は、「3時間でわかる会計」といった題名の本に向かうことです。こうした本には多くの場合、切りの良い、丸い数字の入った仮想の財務諸表が出てきます。それで財務諸表の構造を一生懸命説明していたりします。しかしリアリティのない財務諸表をいくら眺めてもイマジネーションは湧きません。ありえない想定場面で英会話を勉強しているようなものです。

会計リテラシーとは財務諸表を見て、その裏にあるリアルな経営をイメージできる能力のことをいいます。

例えば「交際費が大幅に増えている」のを、財務諸表の中で発見したとします。皆さんはこのことから、どんなイメージを持ちますか?

接待攻勢をかけないと、受注が取れないという業界体質を見抜き、「こんな会社は長続きしない」と考えるかもしれません。あるいは「少し儲けたので、社長が銀座で舞い上がっている」姿を想像するかもしれません。

「固定資産（設備など）が大幅に増えている」という情報から、工場に先行投資して勝負をかけようとしているアグレッシブな社長を想像するかもしれません。あるいは本社ビルを建てて、自己満足に浸っている社長を想像するかもしれません。

こんなイマジネーションをドンドン膨らませていくことが大切なのです。

有能なリーダーは財務諸表を見て、その奥にある実態にピンと来ます。「すごい！　こんなカラクリになっているのか」とか、「何かおかしいぞ」とか、「あの営業所長め、またサボってるな」などがわかったりします。写像の裏にある実像を立体視できるのです。

経験豊富な登山家は、地図を見れば山の立体像が、頭の中に生き生きと映し出されるといいます。時刻表マニアが時刻表を見れば、頭の中ではカラフルな列車が行き交っていたりします。

この本を「ビジネスを多少知っている人に向けて」としたのには意味があります。会計は経営の写像です。皆さんは経営そのものをたとえ断片的かもしれませんが、知っている方々です。こういう人たちは会計のアマでも大丈夫です。実像が写像にどう写るのか、についていくつかのポイントをのみ込んでしまえば、会計リテラシーを高めることができます。

逆に会計を技術的には知っているが、経営を知らないという人たちは問題です。商学部や経営学部の大学生は典型です。彼らはツールを知っていますが、経営を見たことがないのでツールを利用するすべを知りません。

経理マンといわれる人たちも、多くの場合同じです。彼らは会計のプロです。財務諸表を作ることができます。分析を求めると、すぐ流動比率や自己資本比率をはじき出します。でもそこでフーッとため息をついて終わり、ということが多いのです。作れても、数字をはじいても、使いこなしていません。

比率をはじく作業はコンピュータがやってくれます。分析というのはそこから始まるわけで、会計のプロという人たちは、意外にも経営のための会計リテラシーを持たない人が多いのです。

皆さんはビジネスを多少とも知っている方たちです。実は皆さんの身体の中に、既に必要な問題意識が組み込まれています。でも現状では、皆さんの頭の中でバラバラの情報が散乱したままになっています。それを財務諸表につなげてあげると、散乱した情報を整理することができます。個々の情報をしかるべき位置にポジショニングしてあげると、全体像を組み上げることができるのです。

皆さんなら、きっとできます。この本でその弾みをつけて、日常の中でも格闘をし続ければ、全体が見えてきます。現在も、そして未来も。

第2章　会計情報で世の中を鳥瞰《ちょうかん》する

利益ランキングで時代が見える

この章では手はじめに「会計情報を使って世の中を読む」ことから練習を始めましょう。

「まえがき」では、私がセミナーで次のような質問を投げかける話をしました。

「今儲かっている企業を挙げてください」「それはなぜですか？」

私は経済学ではなく、経営学が専門です。でも企業の財務諸表を見慣れているので、日本の経済の変化を実感しながらそれを眺めることができます。利益金額や利益率のランキング、成長率の企業ランキングを見れば、一目瞭然で時代の変化が見てとれます。

ランキングを見て思うことですが、つくづく時代の流れが速くなっていることを感じます。

現代は娯楽の時代です。少し前までエンタテインメントの主役はゲームでした。しかしわが世の春だったゲーム業界の盟主・任天堂が凋落《ちょうらく》し（将来はわかりませんが）、ソニーのゲーム事業も成熟し始めています。エンタテインメントの主役が携帯電話に代わったのです。

このおかげでＮＴＴドコモが一時、日本一の株式時価総額の企業になりました。しかしその半面で親会社のＮＴＴは限りなく下降を続けています。

そして九〇年代前半は低迷していた自動車業界が、最近は絶好調です。トヨタがドコモを抜いて、今（二〇〇五年一月現在）は株式時価総額№1企業です。一方で青息吐息の三菱自動車のような企業もあります。勝ち組と負け組に、二極化しています。
永続的に繁栄する企業はほぼないというのが、歴史的な真実です。必ず新興勢力が登場し、伝統企業を置き去りにします。まさに、驕《おご》る平氏は久しからず。有為転変がビジネス界の冷厳な論理なのです。

図表2-1　連結経常利益ランキング

（2003年度　金融除く　単位：億円）

		経常利益	前年比(%)			経常利益	前年比(%)
1.	トヨタ	17,657	44	11.	JR東日本	2,253	11
2.	NTT	15,273	9	12.	JFE	2,183	2.1倍
3.	NTTドコモ	11,011	6	13.	日本たばこ	2,135	23
4.	日産自動車	8,096	14	14.	イトーヨーカ堂	2,007	6
5.	ホンダ	6,419	5	15.	デンソー	1,962	18
6.	キヤノン	4,481	36	16.	関西電力	1,873	7
7.	武田薬品	4,460	10	17.	中部電力	1,849	8
8.	東京電力	3,077	14	18.	ボーダフォン	1,812	▲33
9.	KDDI	2,745	2.4倍	19.	新日鉄	1,728	2.5倍
10.	日立製作所	2,371	2.4倍	20.	松下電産	1,708	2.5倍
				21.	セブン-イレブン	1,700	11

2004年6月5日付　日本経済新聞より
注）金融会社の経常利益（会社四季報より抜粋）
　みずほFG 8,965億円　三菱東京FG 5,783億円　三井住友FG 3,428億円
　武富士 1,386億円　アコム 1,188億円

日本トップの企業ランキングを読む

〈図表2－1〉は二〇〇三年度の経常利益金額ランキングです（ただし金融を除いてあるので、下に抜粋した）。ここには上位21社しか挙げてありませんが、ランキング全体からは次のような最近の特徴が読み取れます。
・金融を除いて連結経常利益額1000億

円を超える企業が38社に達した（二〇〇五年は52社に増えると予想されている）
・自動車の勝ち組が圧倒的に強い
・NTTは子会社NTTドコモに利益の3分の2以上を依存している
・携帯キャリアの会社が好調だった。ただしドコモは微増、ボーダフォンが大幅減となる中で、KDDIが2・4倍に利益を伸ばした
・デジタルカメラやプリンターのキヤノンが利益を伸ばした
・永くランキング外だった日立、松下も利益を2倍以上に伸ばし復活した
・その他にも電機業界から、NEC（24位）、東芝（26位）、京セラ（34位）、シャープ（36位）などが大躍進し1000億円を超えた。一方でソニー（27位）は4割利益を減らした
・新日鉄が復活し、JFE（日本鋼管と川崎製鉄の統合会社）とともに大幅に伸びた
・三菱商事（24位）、住友商事（38位）など商社も1000億円組に復活した
・インフラ系規制業種の電力やJR東日本、東京ガスなどは依然として堅調だった
・イトーヨーカ堂グループが小売業で唯一上位にランクされているが、その利益は子会社セブン-イレブンがほとんど稼いでいる。セブン-イレブンが実際の小売業トップであ

る

依然として強い規制業種

こんな決算概況から、日本復活の足音が聞こえるようです。明らかに「デジタル家電」(新三種の神器＝薄型テレビ、デジタル・レコーダー、デジカメ＋携帯電話)がＩＴの主役に躍り出ています。ただし競争が激しく、順位の入れ替わりが速いことが伝わってきます。

そしてこれを支えているのが、中国です。中国は国内消費が活況なだけではありません。アメリカ向けの輸出が好調なことも、日本企業に恩恵をもたらしています。

中国の将来には紆余曲折がありそうです。しかし中国市場は「東京オリンピック当時の日本が10個分、同時に立ち上がっている国」といえます。すごい成長パワーを持った国です。日本のハイテク製品は今や欧米諸国を席巻していますが、将来の中国でも同様のことが起こりそうです。中国成長の恩恵を最も受けるのは日本でしょう(ただしリスクも)。

中国効果は、鉄鋼や商社、海運、造船などにも現れています。いずれも少し前に、オールド・エコノミーといわれた業種です。東京オリンピックの頃の成長業種が、当時と似た成長パターンを描く中国のおかげで復活したわけです。

また規制業種は依然として強いのも面白いですね。NTTやJR、電力、たばこ、銀行だけでなく、郵政公社が近い将来上位にランクされそうです。

〈図表2－1〉のNTTの連結経常利益は、子会社NTTドコモの利益を合算したものです。したがってNTTの利益の大半はドコモが稼いでいることになります（イトーヨーカ堂とセブン－イレブンも同じ関係）。NTTとNTTドコモは固定電話と携帯電話の会社ですので、互いにライバル関係にあります。しかしもはや固定電話の親会社は、子会社に助けられているのが実情です。

ただしNTTドコモにしても、電力や郵政公社にしても、民間企業の攻勢が迫ってきています。やはり官業は長期低落傾向にあるように私には感じられますが、皆さんはどう思いますか？

利益率で見ると

今度は利益率を見てみましょう。〈図表2－2〉は経常利益率ランキングです（この表は日本経済新聞二〇〇四年三月十八日付の「二〇〇四年三月決算期企業の利益率ランキング」に、二月決算期の企業などを加えて筆者が作成したものです。予想数値ベースなので、最終

図表2-2　連結売上高経常利益率ランキング

（2003年度　金融、新興3市場除く）

		経常利益率（%）	前年比増減（%）			経常利益率（%）	前年比増減（%）
1.	立飛企業	54.4	2.7	12.	ファナック	32.3	1.8
2.	ヤフー	53.4	13.5	13.	ダイビル	32.1	▲0.1
3.	キーエンス	50.0	7.2	14.	ヒロセ電機	31.6	2.2
4.	コーエー	44.0	▲0.4	15.	アリアケ	31.2	1.4
5.	USS	41.4	▲4.0	16.	SANKYO	30.8	5.3
6.	ユニオン	39.4	33.3	17.	テーオーシー	29.8	0.0
7.	武田薬品	39.3	0.6	18.	オービック	29.1	0.8
8.	小野薬品	38.7	0.1	19.	サミー	28.4	▲2.4
9.	セブン-イレブン	35.7	▲0.6	20.	大平洋金属	27.0	13.4
10.	京阪神不動産	34.5	0.2	21.	ローム	26.3	0.1
11.	フェイス	34.3	―	22.	マース	25.9	3.8
				23.	スクウェア・エニックス	25.0	3.7

注）金融会社の経常利益率（抜粋）
三洋電機クレジット38.5%　武富士36.0%　みずほFG28.0%　イオンクレジット27.9%　アコム27.3%　三菱東京FG22.6%

数値とは若干異なるものがあります。金融会社の数値はいずれも会社四季報より）。

ランキングを見ると意外にも（？）、不動産業が強いことがわかります。立飛企業、京阪神、ダイビル、テーオーシーなどがそれです。古くから資産を持ち続ける賃貸業系です。不動産は長期的には日本という国の価値そのものですが、「不動産は永遠」のようです。ただし地域が限定され、二極化しているのはいうまでもありません。

われわれは利益金額にばかり目を奪われがちですが、利益率が高いほうも重要です。「余裕をもって大儲け」しているのは、こちらなのです。その中心は「消費者金融」「エンタテインメント」「IT」「バイオ」です（消費者金融には一部、事業金融も含む企業もあり）。

IT業界は玉石混淆ですが、今儲かっているのは戦略部品、戦略ソフト、戦略製造装置などの会社です。

携帯電話やパソコン、デジタル家電は激しい価格競争を演じています。したがって製品メーカーは実はあまり儲かっていません。しかしインテルのように、どのパソコンも「インテル・インサイド」ならば、おびただしい量産効果が生まれて大儲けができます。どの携帯電話にも使われている部品（こういう部品を戦略部品と呼んでいます）の会社（ヒロセ電機、ロームなどが該当します）も同様に儲かるわけです。どのメーカーに行っても、同じ製造装置を使ってモノを作っている場合は戦略製造装置と呼びます。この装置を作っているのがキーエンスやファナックです。ウィンドウズのマイクロソフトは、戦略ソフトの会社です。

エンタテインメントとはパチンコ、ゲーム、ネット・オークションを含みます。ヤフーの稼ぎ頭は、ネット・オークションです。

フェイスという会社は、携帯電話向けに音楽配信をしています。コーエー、スクウェア・

図表2-3　利益額と利益率による産業マップ

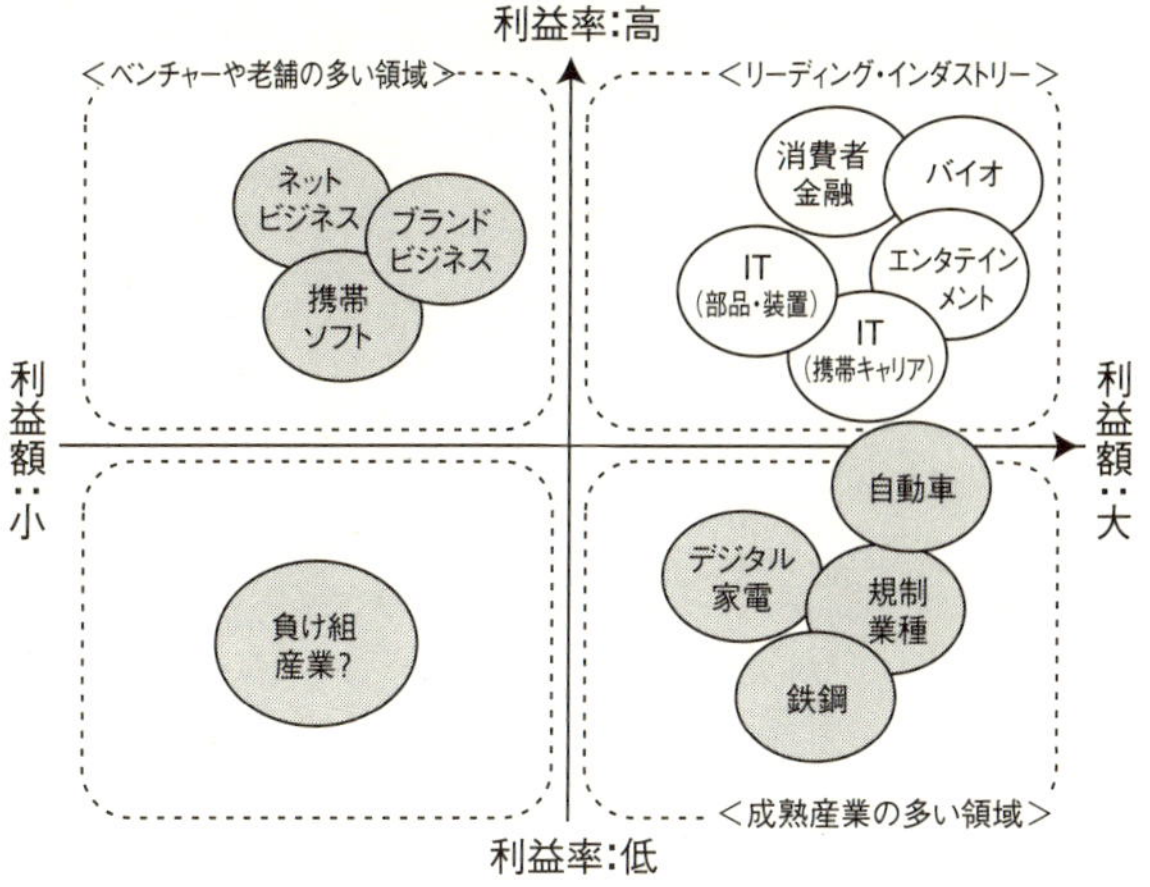

エニックスはゲームソフトの会社です。ＳＡＮＫＹＯ、サミーはパチスロの会社で、マースはパチンコ店用に入出金システムを作っている会社です。パチンコは今もエンタテインメントの主役の一つなのです。

面白いのはアリアケです。日本人はラーメン好きの国民です。渋谷や新宿などでは今でも、「ラーメン戦争」が激烈ですよね。アリアケはラーメン（インスタント・ラーメンも含めて）、コンビニの総菜、外食店向けなどの調味料を作っている会社です。これも「戦略材料の会社」といえそうですね。

産業マップに見る花形産業

〈図表２－３〉は横軸に利益額の大小を、縦軸に利益率の高低をとった産業マップです。

利益額が大きくて、利益率が高い産業（右上の象限）は、その時代の花形産業です。リーディング・インダストリーと呼ぶことができます。産業全体で見ると利益率が高いわけではないが、一企業だけダントツに高いという場合もあります。セブン－イレブンなどがその例で、右上の象限に入ります。

右下の象限は、利益額は大きいが利益率が低い産業分野です。重要な分野ですが、成熟した産業の多い場所です。

それとは逆に、左上の象限は、利益額はやや小規模だが利益率が高い分野です。ここには新興のベンチャー企業が含まれます。一方で暖簾《のれん》を大切に守ってきた老舗も入ります。ブランド・ビジネスなどがその例です。

ルイ・ヴィトンはＬＶＭＨというコングロマリット（多角経営企業）の一部門ですが、営業利益率が50％近い稼ぎ頭といわれています。あの豪華な店舗の費用や格調高い店員さんのお給料などを差し引いても、50％の利益が残るというすごいビジネスです。

消費者金融はリーディング・インダストリー

日本経済は「失われた十数年」を過ごしてきたといわれてきました。構造改革が思ったほど進んでいないと、諸外国からも非難されています。その中でも悲惨だったのが、銀行や生命保険会社などの金融業です。

二〇〇二年度と二〇〇三年度には、すべての大手銀行が連続して巨額の赤字を出しました。二〇〇四年度になって、表面的には利益を出しましたが、不良債権の処理が完全に片付いたとは誰も信じていません。

いまだに混迷している銀行とは別世界であるかのように、繁盛しているのが消費者金融をはじめとするノンバンクです。

利益額と利益率で見る限り、消費者金融は日本の花形産業です。でも私がこういうと、顔をしかめるビジネスパーソンが多いのです。特にメーカーの人は露骨に嫌な顔さえします。

しかし、武富士をはじめとして、アコムやプロミスなどはどうして1000億円以上の利益を上げることができるのでしょうか？

武富士は二〇〇三年に、会長さんがジャーナリストの電話の盗聴を指示していたことが発覚して、営業自粛をし、コマーシャルもティッシュ配りも止めていました。それでも二〇〇四年度で１３９０億円もの経常利益を稼いでいます。わずか3年前の二〇〇一年度では経常利益２４００億円、経常利益率60％で、利益率では何とすべての企業の中でトップでした。利益金額でも、全金融機関の中でトップでした。日本のトップ金融機関だったのです！

なぜこうしたことが起こっているのでしょうか？

当たり前ですが、それは根強いニーズがあるからです。

消費者金融や小口事業金融というと、われわれはすぐにマスコミで報道される悲惨な事件を思い出してしまいます。闇金融の苛酷な取立てや、それが原因で起こる一家心中事件です。われわれはこうした事件と、武富士やアコムの成功を結びつけて考えてしまいがちです。

でも本当にそうでしょうか？

消費者金融が繁盛しているのは、生活苦の多重債務者のおかげなのでしょうか？

もちろん消費者金融業界の裾野は広いですし、実際に多重債務者が自殺に追い込まれたりする事件は起こっているわけです。業界の底辺には、魑魅魍魎《ちみもうりょう》が跋扈《ばっこ》する闇の世界もあります。でも大手の消費者金融会社は、武富士会長は別としても近代的な企業になってきています。

日榮という会社を覚えていると思います。一九九九年に「肝臓売れ！」で問題になった小口事業金融の会社です（あの会社は当時、武富士を超えて利益率60％超でトップでした）。ああいう不法な取立てをすれば、会社は社会から爪弾きにされます。もし暴力団を使って取立てをすれば（底辺にはそんな会社もあると聞きます）、企業は存続できません。まして大企業にはなれません。そんなやり方は既にコストに合わない時代なのです。

コストに合わないといえば、多重債務者にお金を貸した場合もそうです。多重債務者にお金を貸せば、焦げ付きが膨れ上がります。そんなやり方がビジネスになるでしょうか？ 絶対にならないはずです。ではどうして消費者金融や小口事業金融はわが国で成長したのでしょうか？

消費者金融のユーザー像

大手消費者金融についていえば、利用者の半数は二十歳代だそうです。しかも意外にも、大手では焦げ付き（「貸し倒れ」といいます）の比率が少ないのです。

最近は貸し倒れ率が上昇傾向にありますが、それでもせいぜい貸金総額の7～8％くらいに収まっています。7～8％という数字は高いと思われるかもしれませんが、実は銀行と比べて高いとはいえません。

倒産した足利銀行の不良債権はどのくらいの比率を占めていたか、ご存じですか？

やはり潰れたりそな銀行の不良債権比率は？

東京三菱銀行にのみ込まれたＵＦＪ銀行の場合は？

こうした銀行の不良債権の比率は長年溜まったものです。したがって同じ条件で比較するわけにはいきませんが、足利銀行は倒産時に50％が不良債権だったといわれています。りそなは30％、ＵＦＪは統合発表時に貸金総額の10％を超える不良債権を抱えていました。

その点で武富士やプロミスの８％台というのは、優秀といえないこともありません。銀行が担保融資主体なのに比べて、消費者金融は無担保融資なわけですし……。

この比率で見る限り、大手消費者金融は比較的「信頼できる消費者」にお金を貸していることになります。ではそのユーザーとは、いったい誰なのでしょうか？

消費者像は、その企業のテレビや新聞の広告を見るのが一番です。広告はターゲット・ユーザーに向けて打たれるからです。

最近放映された消費者金融の広告には話題になったものが少なくありません。「たまにはババンと！」という加藤茶が出るＣＭを覚えている方は多いと思います。東京三菱キャッシュワンという、三菱東京ＦＧがアコムと組んでやっている消費者金融のＣＭです。

工事現場から携帯電話で「僕でも使えますか?」と話す若者や、街角から携帯電話で話しかける若いOLが出てくるのは、アコムのCMでした。オジサンがチワワを思い切って買うなんていうアイフルのCMもありましたね。武富士は長い間、若い女性ダンサーたちが切れ味のいい踊りを見せるCMを流していました。

ここに出てくる人たちが消費者金融のユーザーです(あるいは会社が売り込みたいユーザー像です)。CMなので当たり前ですが、中に多重債務者は出てきません。お金が足りない人たちですが、暗さがありません。

例えば「たまにはババンと!」に出てくるのは、彼女とデートする若いサラリーマン風の男です。せっかくのデートでは、しみったれたお金の使い方をしないで豪勢にいこうよ、というメッセージです。古い世代から見れば、こういうライフ・スタイルには抵抗があります。しかし共感する若者が多いのは事実です。

新聞をクリップすると、次のような談話も出てきます。

「公務員や上場企業、従業員400人以上の会社に勤める人は就業人口の4分の1。残りの4分の3は会社や銀行からお金を借りにくい層だ。そういう人にご用立てしてきたところに武富士の存在価値がある」(武井保雄・武富士社長―当時―談)

「借り入れに対し二十代に抵抗感はない」（神内博喜・プロミス社長談）

（それぞれ、日経産業新聞二〇〇一年七月二四日付・第一面、武井社長インタビュー、同二〇〇二年三月二九日付・第二十一面、神内社長インタビューより）

フリーターやニートの消費性向

消費者金融のユーザーは、年収500万円以下の所得層（主婦を含む）が80％を占めるといいます。大手消費者金融を利用する二十代のメイン・ユーザーは、金利が高いのにも関わらず、どうしてお金を借りるのでしょうか？　また、彼らはどうして貸し倒れの比較的少ない、信用できるユーザーなのでしょうか？

高利でもお金を借りるわけは、第一に消費者金融が便利だからです。現金が必要なときはたくさんあります。特に二十代の若い人たちは、欲しいものがあると「すぐ欲しい！」といいます。そんなとき、銀行は容易にお金を貸してくれません。その点、消費者金融は24時間オープンです。しかも簡単な審査でスピーディーに融資してくれます。二十代にとって便利この上ないわけです。

金利の率は高いのですが、短期間であれば金利の金額はさほど大きくありません。50万円をボーナスまで1ヶ月間借りたとすると、金利は約1万円程度です。利用者は実は、率にあまりこだわっていないのです（もっともそれで借り入れが終われば、の話ですが）。

「クレジット・カードがある」という声もあるでしょう。しかしクレジット・カードを簡単に発行してもらえない層の人たちもたくさんいます。例えばフリーターと呼ばれる人たちがそうです。

今フリーターは400万人を超えて、500万人に近づこうとしています。最近フリーターの他にもニートという、働かず学校にも行かない若い無業者が52万人いると報道されて、社会に衝撃を与えました。

毎年どのくらいの人がフリーターになると思いますか？　例えば慶應義塾大学の卒業生はどのくらいフリーターになると思いますか？

慶應義塾大学では新卒の15％程度と聞きました。東京大学でも10％程度がフリーターになるそうです。

一度会社に勤めた若者も、3年以内に3分の1の人が辞めてしまいます。そのうちの何割かがやはりフリーターの道を選ぶといいます。

この数字を聞いて驚きますか？　私も最初は驚きました。しかし私が慶應義塾大学の実情をある地方の私立大学の理事長さんにお話ししたとき、もっとビックリしました。「先生、ウチの卒業生は70％がフリーターになるんです」というのです。

トータルでは大学卒の3分の1がフリーターになるといいます。高卒の5割、中卒の7割がやはりフリーターになるそうです。こういう時代なのです。

大学生がフリーターになる理由の一つは、企業が人材募集を手控えているからです。大手企業も正社員を採りたがりません。だから失業率が下がっても、フリーターは増え続けています。

今やコンビニエンス・ストアや外食チェーンのように、フリーター抜きでは成り立たない産業もあるくらいです。アルバイトやパート比率の高い企業が、むしろ成長しているのが現状です。

でもそれだけが理由ではありません。慶大生や東大生にとって、ぜいたくさえ言わなければ就職口はこと欠きません。それよりも今の大学生は「サラリーマンになりたくない」というのです。

今の若者は、定年まで未来が読めるサラリーマンに魅力を感じていません。先の見えた未来を選ぶくらいなら、先の見えないフリーターを選ぶというわけです。フリーターを選ぶ学生は必ずしも、怠惰な人たちというわけでもありません。

親の資産が借金のカタ？

若い彼らはお金を持っていませんが、しかし消費水準だけは一流です。豊かな社会に育った彼らは、一流品を知っています。パソコンや携帯電話は最新型を使っています。ファッションもユニクロを使う半面、一流ブランドのバッグや時計を持っていたりします。海外旅行も小さい頃から経験しています。

そんな彼らが最新型を「すぐ欲しい」と言ってくれるおかげで、機器メーカーやブランド企業が繁盛しているわけです。

私が携帯電話を買ったのは、5～6年前のことです。ずっと同じものを使っていましたが、あるときゼミの学生から笑われてしまいました。私の白黒画面のケータイを見て、「まだこんなのあるんだ！」と大笑いです。私は電話ができればいいので、カラーでなかろうが、カメラ付きでなかろうが十分なわけです。でも彼らは、まだ十分使えるケータイをポイポイ捨てて、新型に取り替えます。

今でこそケータイ電話の料金も安くなりましたが、ひと頃の若者は毎月2～3万円の料金を払って平然としていました。たとえ月収が10万円に満たないフリーターでもです。NTTドコモやKDDIが儲かるわけです。

そしてそれを支えたのが、消費者金融といえます。もちろん若者すべてがお金を借りに行くわけではありませんが、携帯電話会社やパソコン、デジタル家電のメーカーさんは、消費者金融会社に感謝すべきです。

ブランド品を売っている会社も同様です。消費のリーダーはお金のない若者であり、消費者金融はそれを支えているわけですから。

そして彼らはお金がなくても、比較的貸し倒れの少ない信用できるユーザーなのです。どうしてかといえば、早い話、親がいるからです。親に知られれば、親は真っ青になって返しに来ます。知られたくなければ、彼らは律儀に約束を守ります。消費水準を下げることは譲れなくても、堅実な若者は多いのです。

若者の多くは、親の財産（例えば家屋敷）を相続する権利を持っています。相続権も潜在的な保有財産に含めて考えると、日本の若者の7割程度が「家持ちの資産家」ということになるのだそうです。実は彼らは資産的にはリッチなのです（潜在的な資産家ということですが）。親の資産を裏付けにして、所得の少ない若者が消費しているわけです。それをつないでいるのが、消費者金融です。

パチンコ代を借りる主婦たち

「日本は外需に依存しないで、内需を喚起すべきだ」というのが、アメリカの言い分です。外国で稼いでばかりいないで、国内消費をもっと盛り上げなさいというわけです。内需依存型の経済にしないと、これからも外国から叩かれることになります。

でも堅実な古い世代のオジサンたちは、お金をなかなか使いません。将来が不安だからです。内需を振興するためには、元気のいい若者か、オバサンにがんばって消費してもらわないと困るというわけです。

実はオバサンも現在の消費リーダーです。年配女性―娘―孫というラインも強力です。娘に物を買ってあげたり、孫にお金を使ったりします。ヨン様・ツアーにも出かけます。再開発ビルにお洒落なレストランが開業すると、決まって行列を作るのは女性たちです。オジサンがくたびれているのに比べて、オバサンは元気です。

実は消費者金融は、主婦もターゲットにしています。消費者金融会社の人に聞いたところでは、パチンコの資金というニーズが最も多いとのことです。機会があったら、ぜひパチンコ店の開店前の行列を見に行ってみてください。主婦と思われる女性たちが列に混じっています。パチンコがわが国のエンタテインメントの主役になるはずです。

また主婦のブランド品購入も多いそうです。そういう消費の資金をなぜ消費者金融に頼るかといえば、御主人にバレないで済むからではないかと考えられます。確かにクレジット・カードで買えば、明細が届いて御主人に知られてしまいますよね。

消費者金融によって日本経済は救われている面があるわけですが、彼らの繁盛の理由には、消費者の心理のヒダに応えようとする企業努力もあるわけです。

企業努力といえば、消費者金融のローコスト・オペレーションは見事です。消費者金融は早くからＩＴ化によるコスト削減に熱心でした。「無人契約機」をいち早く実現し、インターネットや携帯電話によるアクセスも早期に実現しました。

駅を降りると駅前に豪壮な店舗を構えているのが、銀行です。これと比べて、駅から近い横丁のペンシル・ビルに店舗を構えているのが、消費者金融です。高コスト体質の銀行が凋落し、ローコストに徹する消費者金融が繁栄するのは当然ともいえそうです。

すべての優良企業が金融業化する

どの時代にも花形産業があります。過去に栄えた企業が、花形産業の繁盛ぶりを指をくわえて見過ごしているわけではありません。現在絶好調の企業も、次の時代の花形産業に興味津々です。

みんな花形産業に加わりたいわけです。そうでないと、いつか衰退するのは目に見えていますから。

金融に関していうと、金融業の本質は情報産業といえます。金融業は現金を運搬するのが主な仕事というわけではありません。融資とは「信用を与える」ということですし、為替は口座から口座へ情報を移しているに過ぎません。だから金融機関はＩＴ機器の塊みたいな会社になるわけです。

金融業はＩＴ産業そのものといって、過言ではありません。逆にいうとＩＴ企業が金融業に近いことになります。ＩＴの会社が金融業をやりたがるのは当然のことなのです。

また、豊かな社会では、お金の使い道は楽しみのための消費が中心になります。したがってエンタテインメント企業も、やはり金融業とシナジー（相乗効果）を持っています。消費者が金融会社からお金を借りて遊ぶくらいなら、遊びを提供する会社が遊び代を消費者に貸せばいいわけです。したがってエンタテインメントの会社も金融業をやりたがっています。

実はたくさんの企業が、リーディング・インダストリーである消費者金融などノンバンクに、既に参入しています。また新規参入しようとする企業が今も絶えません。

例えば49ページの〈図表2－1〉にランクされた高収益企業の多くも、参入済みです。一部を紹介すると、それは次のような事例です。


〈NTTドコモ〉

直接的に金融業に進出しているわけではありませんが、携帯電話は「おサイフ・ケータイ」（PCウォレット＝電子財布）になりつつあります。既に自販機やチケット決済などで金融サービスのインフラを提供し、課金できる体制ができ上がりつつあります。やがて携帯電話にすべてのクレジット・カードやポイントカードが組み込まれれば、消費者が行なうすべての金融取引に関われます。通信料は既に価格競争に入っています。通信料で食べていけなくなる時代が来つつあるわけで、ドコモの将来事業として期待がかかっています。


〈セブン－イレブン〉

現代の若者の生活に必須なのが、コンビニです。街中にあり、しかも24時間オープンです。セブン－イレブンはアイワイバンク銀行を持ち、全国の1万を超える店舗やイトーヨーカ堂にATM端末を置き、銀行ATMに代わる役割を果たしつつあります。公共料金の支払い窓口としても、既に取扱高トップの企業です。新時代の消費者対応の金融機関として有力視されている企業です。

〈ソニー〉

ソニーはソニー銀行、生保、損保、証券などを持つ総合金融会社です。また消費者インターフェイスのネットワーク端末として、テレビ、パソコン、ゲーム機、携帯電話、AIBOなどを持っています。ソニー製品は、すべてエンタテインメント商品といってもいいくらいです。製品をネットで売れるだけでなく、エンタテインメント・コンテンツ（音楽、ゲーム、映画など）をネットで販売するインフラとしても使えるわけです。その決済手段として、また融資も含めて金融はキラー・コンテンツと考えられています。

会社案内には、ソニーの本業は「エレクトロニクス（IT）、エンタテインメント、ファイナンス（金融）」の3つと書かれています。ここには現代のリーディング・インダストリーの3つが入っています。機を見るに敏な会社といえますね。

〈トヨタ自動車〉

トヨタは「トヨタ銀行」と呼ばれるほど、お金を潤沢に持つ会社です。金融事業の始まりは、自動車ローン（販売金融）とディーラーまたは取引先企業向け事業金融です。トヨタは既に自前のクレジット・カード会社や証券、損保などを持ち、総合金融会社化しています。アメリカの銀行も買収しました。

しかし将来の構想の中で、金融業の最大のベースとなるのは自動車です。トヨタはネットワークでドライバーをサポートする「G－BOOK」端末を載せた自動車を次々と出し、ETCサービス（高速道路通行料自動徴収システム）ともつながっています。やがてこれらのシステムをカード決済やローンともつなげる構想を持っています。トヨタほど本格的ではありませんが、日産、ホンダも金融事業を展開しています。

〈JR東日本〉

若者の遊びといえば、旅行や駅ナカ消費が欠かせません。JRは既にクレジット・カードに進出し、主要駅には個人向けキャッシングのブースが完備されています。駅は消費者向けのネットワーク・プラットフォームの一つといえます。その中でスイカ（ＩＣカード）が今後有力です。スイカも既にクレジット・カード化されています。消費者が移動するたびに、その消費シーンに利用されるような事業展開が構想されています。

〈楽天、ライブドア、ヤフー〉

楽天は消費者金融業をスタートしています。ネット証券なども買収し、総合金融業の道を突き進んでいます。ライブドアもヤフーも同じ道を目指しています。ヤフーはソフトバンク・グループの中にありますが、ソフトバンクは既に金融会社です。

バイオ・ビジネスも情報産業

事例を挙げれば切りがないほど、たくさんの企業が既に金融業に参入しています。

金融業で利益率№１になったのは、三洋電機クレジットです。三洋電機の井植《いうえ》敏《さとし》会長は新幹線に乗るとき、キオスクで買った漫画『ナニワ金融道』を読んで、本格的に金融事業に進出することを決めたそうです。消費者金融会社も買収して統合し、三洋電機クレジットは孝行息子に育っています。

「カネがなければ始まらない」と井植会長はいいます。銀行などの既存の金融業は、消費者向けの金融などを従来ほとんど見てきませんでした。規制もあったからですが、わが国では金融というインフラ整備が今まで遅れていたわけです。ここを開拓してきたのが、武富士やプロミス、アコムといった会社です。遅ればせながら、現在多くの企業が彼らの城に切り込んできているわけです。このおかげで、武富士など専業各社はシェアを相当食われています。

ところでもう一つの花形産業と期待されているのが、バイオです。

新世代のバイオ・テクノロジーがますます進化しつつあります。遺伝子やたんぱく質を分子構造レベルから解析し、その組織や機能メカニズムを明らかにしようという技術です。

実はバイオ・ビジネスも情報産業といえます。バイオは、人間や生物という壮大な小宇宙のシステムを解き明かそうという情報産業なのです。実際にバイオの研究現場には、解析機やスーパー・コンピュータがズラッと並んでいます。

したがってこの分野にも、高収益企業は参入をもくろんでいます。例えばソニー、日立、ホンダ、トヨタなどといった企業は、既にバイオ研究に多額の研究開発費をかけています。

ソニーやホンダは、理化学研究所や、かずさＤＮＡ研究所といったバイオの先端研究所とコラボレーションもしています。

彼らにいわせると「すべてのビジネスは人間理解に行き着く」といいます。人間の理解により近づくことができれば、すべてのビジネスが切り開けるはずだというわけです。結局ビジネスは人間を幸せにする手段ですから。

バイオは今後、目を離せない産業分野です。いずれにしてもクレバーな企業は、もう二十一世紀を展望して着々と次の布石を打っているのです。

ローテク・ベンチャーにチャンスあり

今まで、主に大企業を見てきましたが、今度はわが国のベンチャー・ビジネスを見てみましょう。

われわれはベンチャーというと、ＩＴやバイオテクなどのハイテク・ベンチャーばかり想像しがちです。しかし日本は、高度な技術は大企業がおおむね握っています。したがってハイテク・ベンチャーは生まれにくい傾向にあります。

一方で日本の社会には、まだまだ多くの構造革新の余地が残されています。例えば消費習慣や商慣習を革新すれば、ビジネス・チャンスがあります。都市のインフラ整備も遅れてい

図表2-4　市場関係者が評価する新規公開企業（2003年）

順位	社　名	業　種
1	日本駐車場開発	駐車場のコンサルティング
2	コメ兵	中古・新品商品の仕入販売
3	メディネット	免疫細胞療法の総合支援
4	日本高純度化学	貴金属メッキ用薬品の開発
5	エアリンク	不動産賃貸
6	日本風力開発	風力発電所の開発運営
7	モック	宴会の幹事業務代行
8	アクセル	LSIの開発
9	サン・ジャパン	システム開発
10	アルバイトタイムス	無料求人情報誌の発行

2003年12月25日付　日本経済新聞より

るので、そこにもチャンスがあります。実際にそれらの分野で新しい提案をして成功するベンチャーが生まれてきています。

〈図表２－４〉は、二〇〇三年一〇月末までの１年間に新興株式3市場に上場した94社の中で、証券アナリストやファンド・マネジャーが評価する企業の上位ランキングです（日本経済新聞の「ベストＩＰＯ（新規株式公開）調査」による）。また〈図表２－５〉は同様に二〇〇四年一〇月末までに上場した１３３社の中での企業ランキングです。

このランキングは会計データなどによる成長指標などをもとに、アナリストたちが評価したものです。

この評価が正しいとすれば、最も有望なベ

図表2-5　市場関係者が評価する新規公開企業(2004年)

順位	社　名	業　種
1	九九プラス	99円ショップの運営
2	日本ベリサイン	電子証明書、電子認証局構築
3	マクロミル	ネットを利用した調査
4	ハニーズ	女性向け衣料製造販売
	チップワンストップ	半導体電子商取引
6	ネットプライス	携帯電話向け通販
7	コネクトテクノロジーズ	携帯電話向けシステム開発
8	MORESCO	化学品製造販売
9	ソネット・エムスリー	製薬会社マーケティング支援
10	大黒天物産	24時間営業ディスカウント店

2004年12月29日付　日本経済新聞より

ンチャーは「駐車場コンサルティング業」や「中古ブランド品の流通業」(二〇〇三年)、「99円ショップ」(二〇〇四年)ということになります。

面白いのは、二〇〇三年の7位に挙がっているモックという会社です。何と「宴会の幹事代行業」です。

皆さんも宴会の幹事をやらされたことがおありでしょう? 暑気払いや忘年会の企画は難しいものです。参加者は良くて当然と思っているし、不手際があればブーブー文句をいいます。「料理はおいしいか」「予算の範囲内か」「店の雰囲気はいいか」「大声で騒げる個室があるか」「二次会のカラオケ・ボックスは近くにあるか」……、こんな幹事の相談にすべて応えてくれるのがモックです。さらに利用者ニーズにマッチする店作りのコンサルティングまでして、成長しています。

このランキングには、ハイテク・ベンチャーがある半面で、いわゆるローテク・ベンチャーが半分ほど入っています。わが国には、まだまだ革新を求めているローテク分野がたくさんあるということになります。ここに新しい事業の発想を持ち込めば、企業が活躍できる余地がたくさん残されているといえますね。

ビジネスは創造的であり、日本という国はまだまだ面白い国だな、とつくづく思う今日この頃です。皆さんにもベンチャー創業のチャンスは十分ありますよ!

第3章　ビジネス・モデルを大まかに読む

組織マネジメントとは

第1章で会計とは、経営の全体像をとらえる唯一のツールだという話をしました。この章では、具体的に経営とは何か、それを具体的にどのようにとらえるのかについてお話ししましょう。また第2章で取り上げた企業の財務諸表を見ながら、ビジネス・モデルを掘り下げてみたいと思います。

最初に「経営とは何か」ということから考えてみたいと思います。

孫子の兵法に「敵を知り己を知れば百戦危うからず」という言葉があります。

経営はよく戦争にたとえて考えられます。最も大切なのは、優れた戦略を立てることです。優れた戦略はまず敵と己を知ることから始まる、と孫子はいいます。

「敵を知る」とは経営に置き換えると、まずお客を知ることです。とりわけ最終顧客である消費者を知ることが大切です。経営者は消費者の財布のヒモをめぐって、消費者とバトルをしているわけです。さらに消費者に影響を及ぼす市場環境や、競争相手についても知らなければなりません。これらを総称して「経営環境」と呼びます。敵を知るとは経営環境全体を知るということになります。

次に「己」とは、自分の志や力量を指します。志がなければ、目標は立ちません。また力もないのに背伸びし過ぎた目標を立てれば、良い結果は望めません。

環境を知り、己の手のうちを知ることで、ようやく優れた経営戦略を立てることができます。これが「敵を知り己を知れば百戦危うからず」の意味です。

しかし戦略はいわば基本設計図です。設計図だけでは良い経営は実現しません。建物を建てるときも、基本設計図だけでなく建築という実行プロセスが大切です。経営の実行プロセスを「組織マネジメント」と呼びます。

組織マネジメントでは、戦略（設計図）に沿って、資金（カネ）を手当てし、機材や建設資材（モノ）を調達します。現場で働く監督者や作業員（ヒト）を集め、建築ノウハウや技術（情報）が足りなければ、協力会社を探します。いわば経営の部品である「ヒト、モノ、カネ、情報」という経営資源を集め、適切に配分・投入して、仕事を進めていくわけです。

経営はストックの拡大再生産プロセス

経営資源には、短期的に企業に流入し流出する「フロー資源」（材料や外注サービスなど）と、長期的に繰り返して使い続ける「ストック資源」があります。

人材や資金、設備や技術などは、繰り返し使われるストック資源です。例えば事業活動が始まると、カネは事業に投入されます。活動が終わった期末にもカネが残っているはずです（倒産しなければの話ですが）。終わった時点に残ったカネの量が最初のカネより多いとき、「企業が成長した」ということができます（逆に少なくなれば「マイナス成長」となります）。「ヒト」や「モノ」「情報」も同様です。期首のヒトのレベルより、期末のヒトのレベルが上がっていれば（例えば従業員の仕事の能力が向上していれば）、それを「企業が成長した」と見ることができます。

したがってストック経営資源の質量の変化は、企業成長のバロメータです。

ストックを増やすために、つまり成長のために企業は利益を上げる事業をします。つまり儲けるわけです。フロー資源はそのために投入されます。儲けのためのフローの活動が、その期間の事業プロセスになります。

どのストック資源を最も重視し、どれを成長の指標として重んじるかは、経営者の考え方によって異なります。カネこそ成長の証《あかし》だという経営者もいれば、ヒトだという経営者もいます。

保有するビルの数や土地の広さ、つまりモノを成長指標と考える人もいますし、技術蓄積（つまり情報）を重んじる経営者もいます。経営者もいろいろです。

図表3-1　戦略立案と組織マネジメント

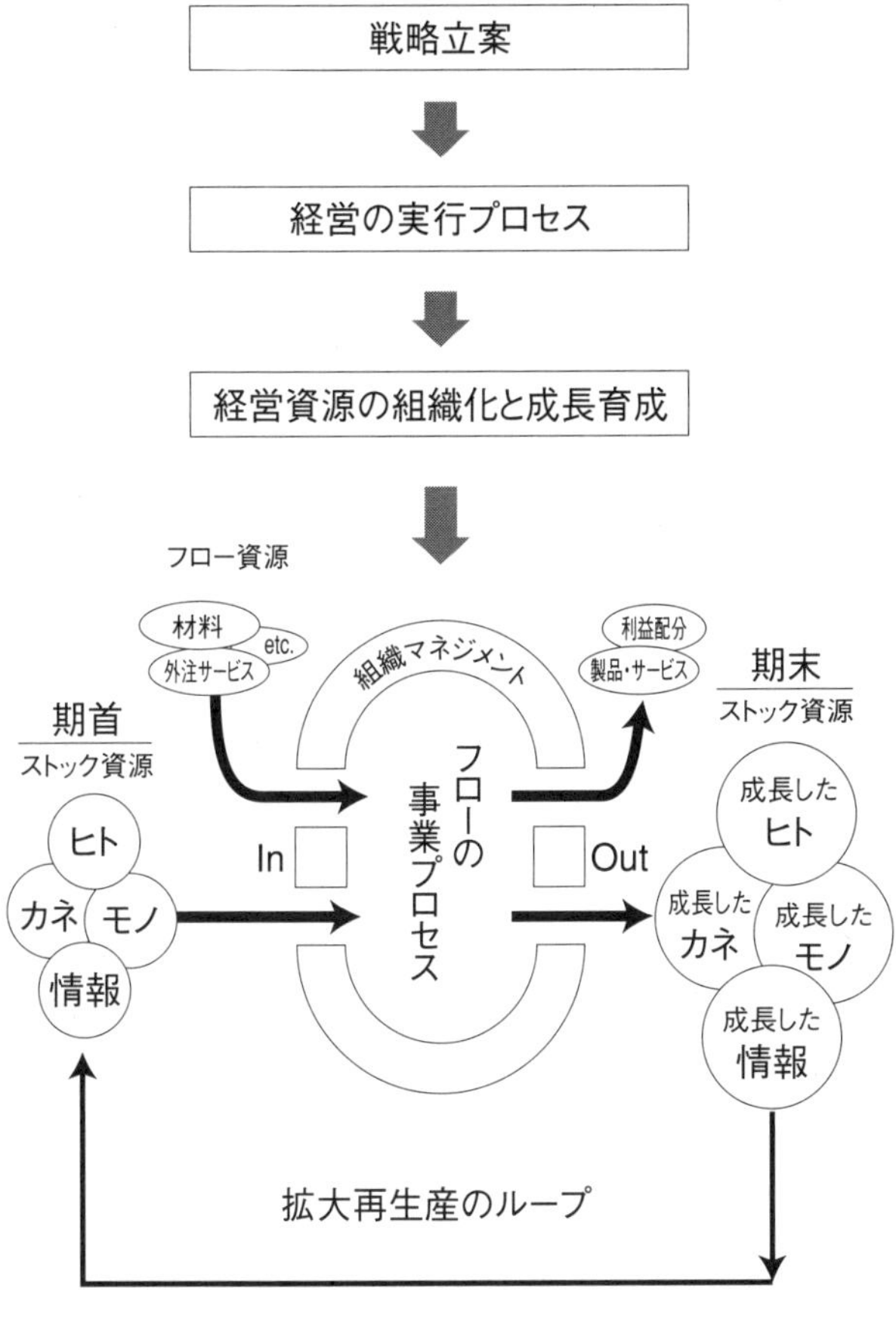

ここで大切なポイントは、どの経営資源を重視するかはともかく「企業はストック資源の質量を増やし続けなければならない」ということです。これを拡大再生産といいます。ストック資源を成長させるために儲けるという拡大再生産活動こそが、経営そのものであるというわけです（〈図表3－1〉参照）。

BSとPLは何を現すか

会計は、貨幣価値という光で経営をとらえるといいました。会計はカネという尺度で、経営を写像化します。

期中の儲けのフローを写したものを、損益計算書（PL、Profit & Loss Statement）といいます。そしてフロー活動の結果、残ったストックのリストをバランスシート（BS、貸借対照表）と呼びます。

会計は、この2つの基本財務諸表で経営をとらえるツールなのです。つまりストックのリストと、ストックを増やすためのフローの活動表で経営をとらえるのが、会計の基本構造です。

前にも述べましたが、会計は、カネという尺度に反応しないものはとらえられません。例

図表3-2　BS（貸借対照表）とPL（損益計算書）の関係

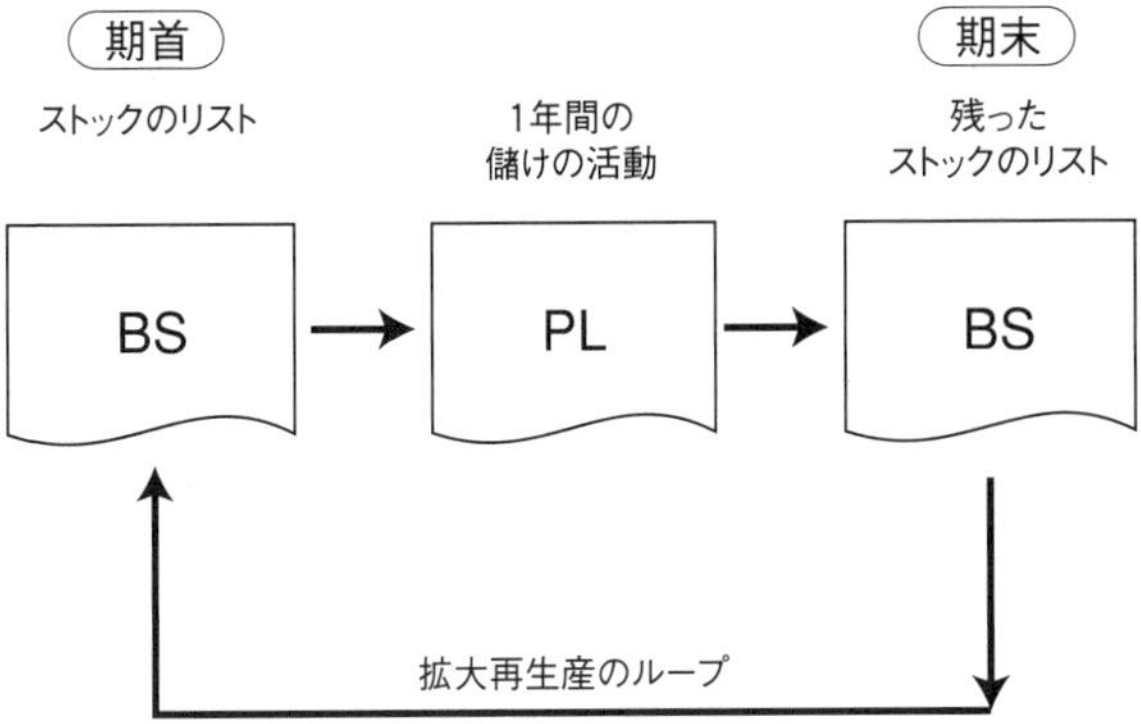

えばヒトは大切なストック資源といいましたが、法律的には企業の所有物ではありません。したがって会計上もストック資源として扱われません。だからＢＳには載りません（かつてアメリカの会社のＢＳに「奴隷」が載っていた時代があります。家畜と同様に扱われたわけです。ちなみに家畜は今でもＢＳに載ります）。

しかし、法律上は労働サービスを買っている形態になっているので、ヒトはフロー資源の扱いになります。したがって人件費＝フローのコストとして、ＰＬのほうに出てきます。

ノウハウや技術といった情報資源は重要な資産といえますが、多くの場合ヒトに宿ります。ヒトの中に育まれた技術やノウハウは外からは目に見えないので、やはりカネには反応せず、ＢＳに載りません。その成果が儲けにはねかえって、結果として出てくるだけです。

ただし技術やノウハウを買った場合は（特許を取得した、あるいはライセンスを買ったような場合）、カネを支出しますので、ＢＳかＰＬに載ります。

いずれにしてもＢＳは財務的な「ストックのリスト」であり、ＰＬは儲けの「フロー活動」を表します（〈図表３－２〉参照）。

ＢＳ＝残ったストックのリスト

それでは具体的に、財務諸表がどんな形で表されるか考えてみます。それには家計と同じように考えると、イメージしやすいと思います。皆さんの家庭の経営をイメージしてみてください。

皆さんの家庭にも、ストック資源があります。そのリストを作る感じです。

現金や預金、株券などは流動的な資産なので、「流動資産」と呼びます。家や家財、車は長く使う設備資産ということで、「固定資産」と呼びます。

負債も、流動と固定で分けます。家や車にローンが付いていれば、普通は長期なので「固

図表3-3　家計のバランスシート

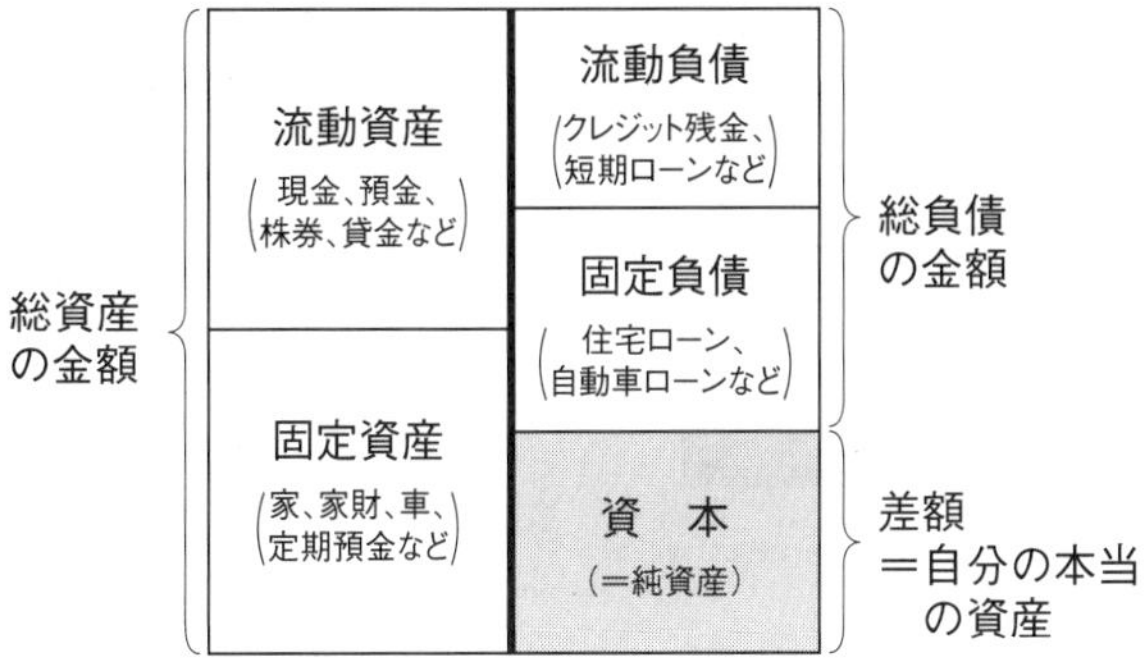

定負債」といいます。クレジット・カードに未決済金額があれば、一時的にお金を借りていることになるので、「流動負債」です。消費者金融からお金を借りた場合も、流動負債です。

トータルの資産（正のストック）から、トータルの負債（負のストック）を引いた残りが皆さんの家計のネット資産（「純資産」ないし「資本」と呼ぶ）になります。ストック資源のリストは〈図表3－3〉のようになります。

PL＝1年間の儲けのシート

皆さんは家計のストックを増やしていくために、稼がなければなりません。皆さんが会社に勤めている場合、皆さんは会社に労働サービスを売って稼ぎます。つまり給料という売上を上げて儲けるわけです。

もらった給料がそっくりそのまま手元に残るわけではありません。生活をしなければなりませんし、稼ぐには費用がかかります。働くために必要経費がかかっているわけです。

まず食べなければなりません。食費です。また、ローンの金利も払い、スーツもそろえ、パソコンも自前で買わなければなりません。税金や年金も支払う必要があります。

奥さんにサポートしてもらうために、お金も渡さなければなりません。ここでは会社経営になぞらえているので、奥さんに給料を払っているとイメージしてみましょう。新人育成もしなければなりません（子育てです）。その育成費もバカになりません。

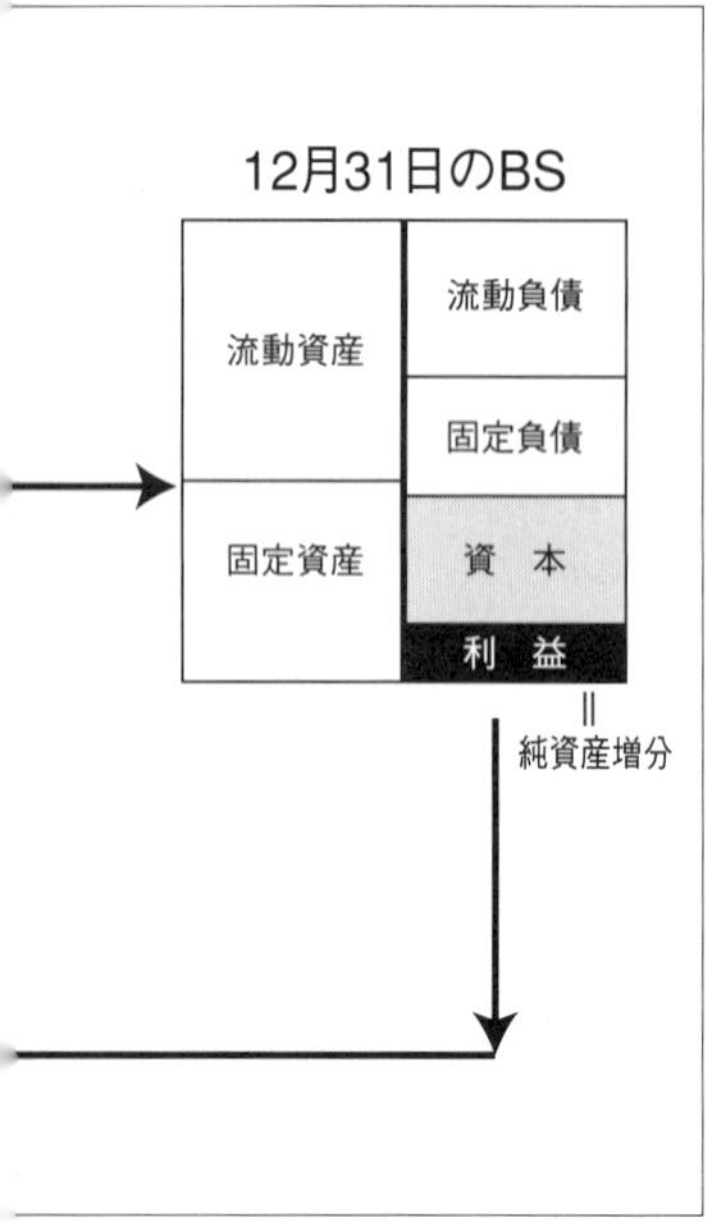

お給料からこのようにさまざまな必要経費を支払った後に、カネが残っていれば、会社経営でいう

図表3-4　家計のBSと PL

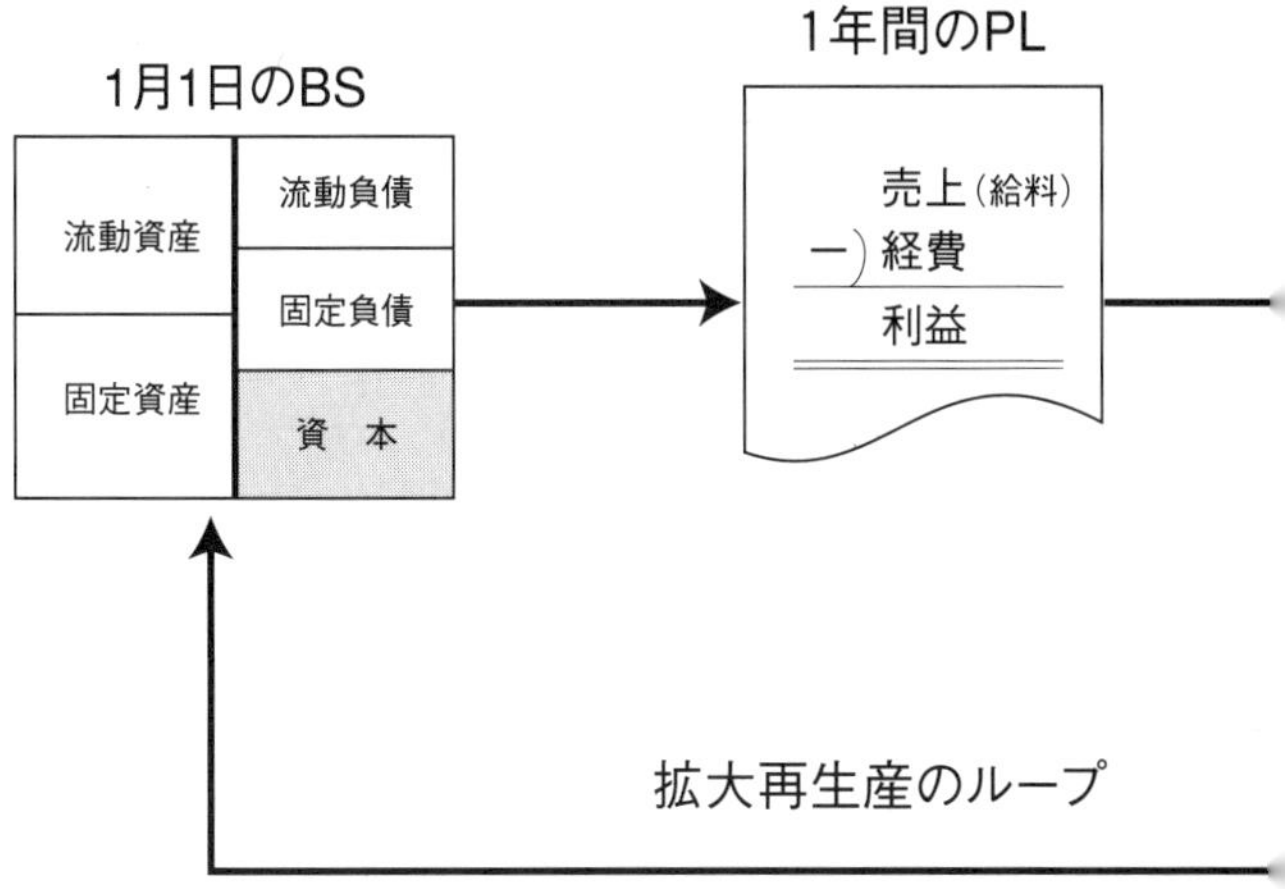

「利益」が出たことになります。

利益はそのまま純資産＝資本を増やすことになります。ネットのカネが増えていれば、あなたの家計は健全に成長しているといえます。お金を使い過ぎて、家計が赤字ならば、マイナス成長です。純資産はその分減っているはずです。

　目の前に現金がたくさんあっても、それだけでは喜べません。消費者金融から借りてきたお金かもしれません。負債を差し引いた純資産を調べてみなければ、あなたの家計が成長しているか、わかりません。純資産が減っていれば、当然あなたは将来に不安を感じるはずです（〈図表３－４〉参照）。

アバウトに財務諸表を読む方法

昔の奥さんたちは家計簿をつけていましたが、企業で働いている皆さんは、自分の家庭の財産をじっくり考えたことがないかもしれません。

企業の複式簿記も家計簿も、様式は違いますが、基本は変わりません。企業も儲けて利益を残し、ストックを増やす努力をします。

では実際に企業のストック・リスト（ＢＳ）や儲けを表すシート（ＰＬ）は、どんな形をしているか、見ていきましょう。

第2章で取り上げた武富士のＢＳ、ＰＬの現物を〈図表３－５〉に掲げました。

ここで皆さんに突然、このような本物を見せると面食らうと思いますので、私がビジネスパーソンに薦めている「金額比例縮尺によるパターン認識」で表現したいと思います。

財務諸表は金額が尺度です。その金額の大小を、項目ごとの上下の長さに置き換えて、図表に表現したものが「金額比例縮尺によるパターン認識」です。

例えば総資産１００億円持っている企業のＢＳを計10㎝で表すとすると、そのうち現預金

図表3-5　武富士の現物のBS・PL

（2004年3月期 www.takefuji.co.jpより）

BS　（単位：十億円、太字は計）

科目	金額	科目	金額
＜資産の部＞		＜負債の部＞	
流動資産	**1,671**	流動負債	**232**
現預金	65	一年内償還社債	28
営業貸付金	1,644	一年内返済借入金	168
その他	98	その他	36
貸倒引当金	-136	固定負債	**774**
固定資産	**167**	社債	415
有形固定資産	**100**	長期借入金	331
建物及び構築物	18	その他	28
土地	70	＜負債合計＞	**1,006**
その他	12	＜資本の部＞	
無形固定資産	**5**	資本金	30
投資等	**62**	資本準備金	52
投資有価証券	48	利益剰余金	851
その他	14	自己株式	-40
繰延資産	61	＜資本合計＞	**893**
＜資産合計＞	**1,899**	＜負債・資本合計＞	**1,899**

PL

科目	金額
営業収益	385
営業費用	**261**
金融費用	21
広告宣伝費	11
貸倒引当金繰入額	136
人件費	22
賃借料・減価償却費	13
その他	58
＜営業利益＞	124
営業外収益	18
営業外費用	3
＜経常利益＞	139
特別利益	1
特別損失	0
法人税等	65
＜当期純利益＞	75

が10億円、固定資産が50億円だったら、それぞれ現預金１㎝、固定資産５㎝の高さで表現するわけです。

売上の合計が１００億円の場合、それを10㎝で表現するとすると、人件費が20億円、経費が50億円、利益が30億円だったら、それぞれ２㎝、５㎝、３㎝の高さでＰＬの費用を表すわけです。

こうすると当然、ＢＳとＰＬのバランスにまず目がいきます。そして大きな金額の項目に注目が集まります。それがポイントです。

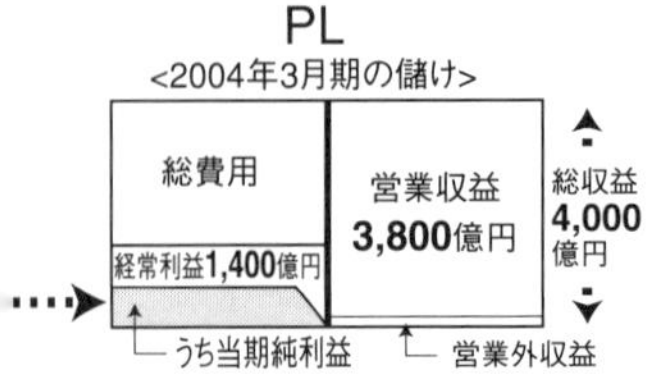

財務諸表をつらつら読んでいくのは、慣れない人には特に大変です。だから比例縮尺をとって、大きな部分を占める項目だけを頭に入れます。頭の中に財務諸表のパターンをインプットするわけです。それがパターン認識です。私は今でもこのやり方で、財務諸表の形

図表3-6　武富士の比例縮尺版BSとPL

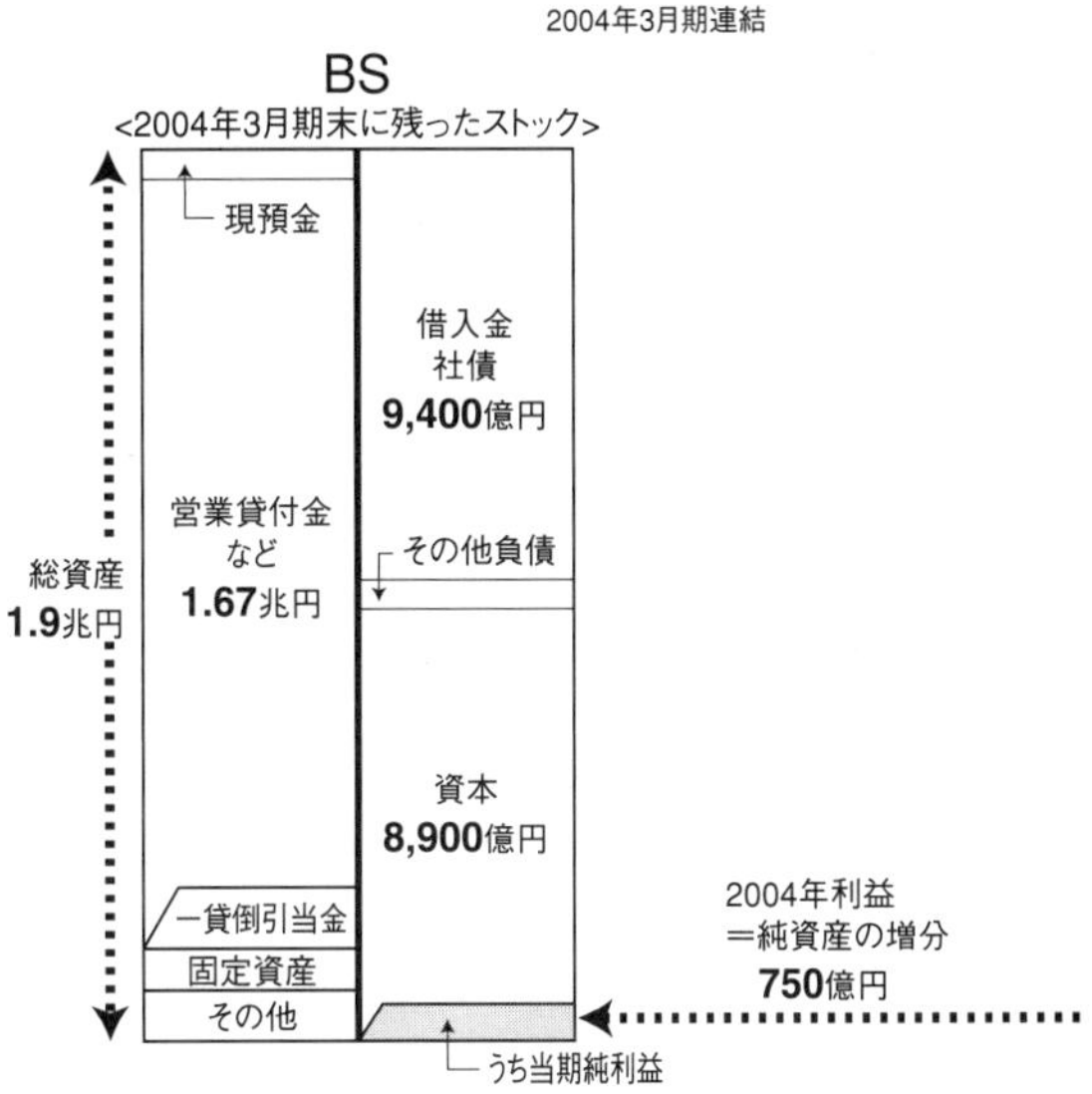

を大まかに頭の中に入れています。それが〈図表3－6〉です。

さらに財務諸表を読むときの注意事項を、この本の流儀で説明しておきましょう。

まずテクニカル・ターム（専門用語）の中にわからないものが出て来たときは、とりあえず無視してください。大切な用語はいずれ説明します。またあまり大切でない用語はあえて説明しません。「いつかわかる」くらいに楽観的に考えておいてください。実際に、比例縮尺で表すと、線に隠れてしまうような小さな金額は、無視して一向にかまいません。

またこの本は「ドンブリ勘定」「アバウト会計」を薦めているので、金額も大まかにとらえることにします。例えば「総資産１８９９十億円」は「１・９兆円」、「営業収益３８５十億円」は「３８００億円」でいきます。端数はとりあえず、どうでもいいわけです。

財務諸表は金額の桁数を少なくして、「千円」または「百万円」「十億円」単位で表示します。日本では「万円、億円、兆円」と４桁で単位が変わります。しかし英語では「thousand, million, billion」と3桁で単位が変わります。会計は欧米から入ってきたので、3桁ごとにカンマで金額を区切るのが、デファクト・ルールになっています。

武富士のローコスト経営

さて〈図表３－６〉は、武富士のＢＳとＰＬの大きさを金額の比例縮尺で表しています。

武富士は１・９兆円ほどの資産を使って、年間４０００億円の収益を上げました。４０００億円というのは、本業の収益と本業外の収益（例えば有価証券売却益とか投資収益）の合計額です。そして経常ベースで１４００億円の利益、税引後で７５０億円の純利益を上げました。

１・９兆円の投下資金で、１４００億円の利益ですから、税引前で７・４％の利回りです。結構高いですよね。どうしてこんなに儲かるのかを、ここでは財務諸表から読み解いてみましょう。

金貸し業が儲かる秘訣は、まず高い粗利《あらり》を稼ぐことです。金融業の粗利は「金利ザヤ」と呼ばれています。銀行も消費者金融も、お金を低金利で集めて、高金利で貸せば儲かるわけです。

武富士の金利ザヤは、財務諸表で大まかにわかります。

貸しているお金の総額はＢＳから１・６７兆円だとわかります。そのお金で稼いだ金利が、ＰＬにある武富士の本業の収益、つまり営業収益３８００億円です。したがって「３８００億円÷１・６７兆円≒23％」です。

同様に借りたお金（借入金と社債の合計を有利子負債といいます）のトータルは、ＢＳから９４００億円です。そして支払ったコストが〈図表３－５〉のＰＬにある金融費用２１０億円です。割って２％強となります。長期資金主体で２％強という金利水準は、有利な資金調達をしていると考えられます。

いずれにしても２％で借りて、23％で貸しますから儲かるわけです。

トータル資産1・9兆円で、年間に入ってくる収益合計が4000億円ですから、お金の回転に関してはあまり良くありません。こういうのを資産回転率（資本回転ともいいます）といいますが、「4000億円÷1・9兆円≒0・21回転」となります。年間で約5分の1回転しかしていません。これは金融業の宿命です。したがって大きく儲けるには、貸付金のボリュームを大きくすることが必要です。

ところで、武富士のビジネスには、資金の調達コスト（210億円）よりかかる費用があります。貸し倒れのコストです。表の中では、「貸倒引当金」という妙な言葉が使われています。実際に債権が回収不能になったときを、「貸し倒れた」というのです。

でも金融業にとって、貸し倒れは付きものです。過去から統計値があって、どのくらい取りはぐれるものか事前に予想できます。したがってまだ貸し倒れていなくても、お金を貸したときにコストを先取りして見込んでおきます。こういう性格の費用計上を「引き当てる」といい、「引当金繰入額」という言葉で表します。

同じように、メーカーにも、リコールなど製品保証のコストを先取りした引当金などがあります。

武富士の貸倒引当金は、貸付金総額の約8％、営業収益の実に3分の1を見込んでいます。

でもこれが必ずしも高くないことは、前に述べた通りです。

武富士は広告やティッシュ配りを自粛していましたが、それでも広告費を110億円使っています。これに比べると人件費は220億円しか使っていません。以前に残業代をめぐって、元従業員から訴訟を起こされたという報道がありました。武富士の労務管理の厳しさが窺《うかが》われるようですね。

第2章でも触れましたが、営業所やIT設備などのコストである「賃借料・減価償却費」も130億円ですので、ローコストでやっていることがわかります。

セブン‐イレブンの「現金商売」

次にお金持ちの会社セブン‐イレブンを比例縮尺で見てみましょう。本物を見たい方はセブン‐イレブンのホームページ、www.sej.co.jp に細かく出ていますので、そちらを見てください。この本では、大きくドンブリでとらえることが大切ですので、比例縮尺図のみで見ていきます。

セブン‐イレブンは8900億円の総資産を持って、ビジネスをしています。これで年間に上がった収入合計はPLから4800億円とわかります。一見すると、あまり資本回転の良くない事業（約０・５回転）と見えます。

しかし注意して見ていくと、ＢＳにあるストックのうち、３２００億円は現預金です。また投資その他で２３００億円持っています。実はお金がやたら余っている会社とわかります。

さらにホームページを見ると、流動資産の中に、在庫や売掛金など運転資金として通常必要とされる項目がほとんどありません。一方で買掛金が１２００億円もあります。

ビジネス経験者にはわかることですが、在庫や売り掛けをほとんど持たずに、買掛金をたくさん持つとどうなるでしょうか？　売上が成長すればするほど、現金が貯まっていきます。こんな美味しい商売はなかなかありません。

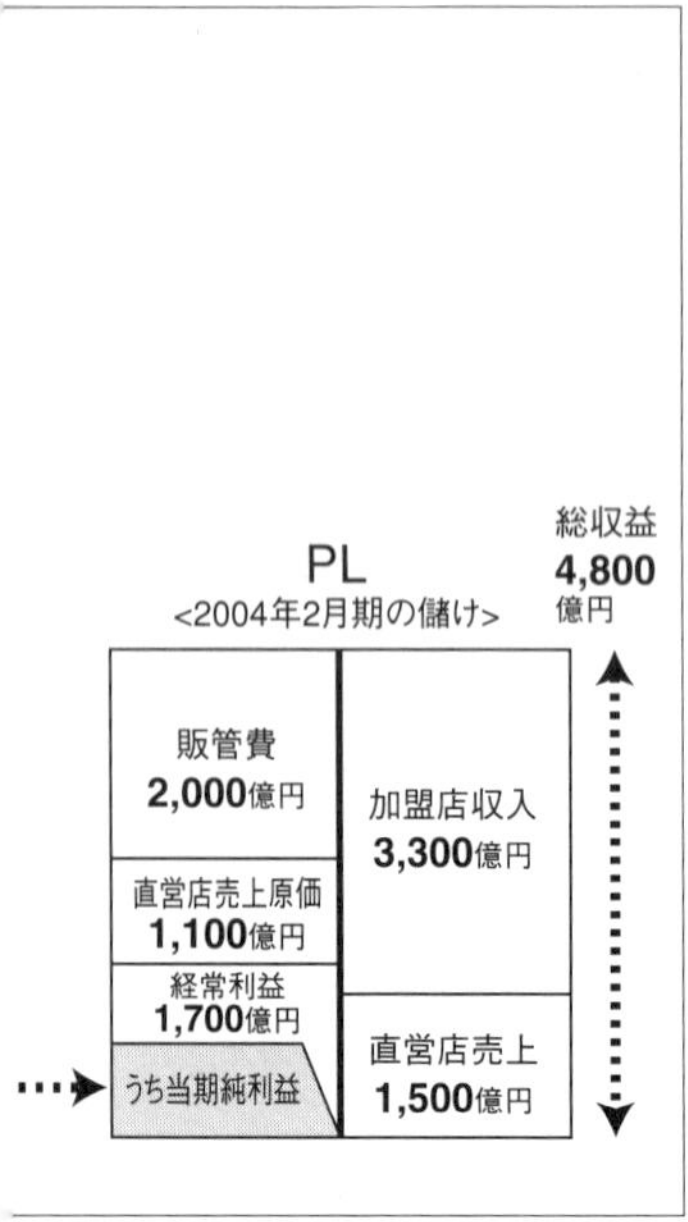

例えば弁当を作っている会社が、加盟店に弁当を納品します。弁当は腐りやすいので、店頭在庫は数時間分しかありません。つまり通常は数時間で売り切れます。そしてその日の売上金は一度、本部に

図表3-7　セブン-イレブンの比例縮尺版BSとPL

2004年2月期連結

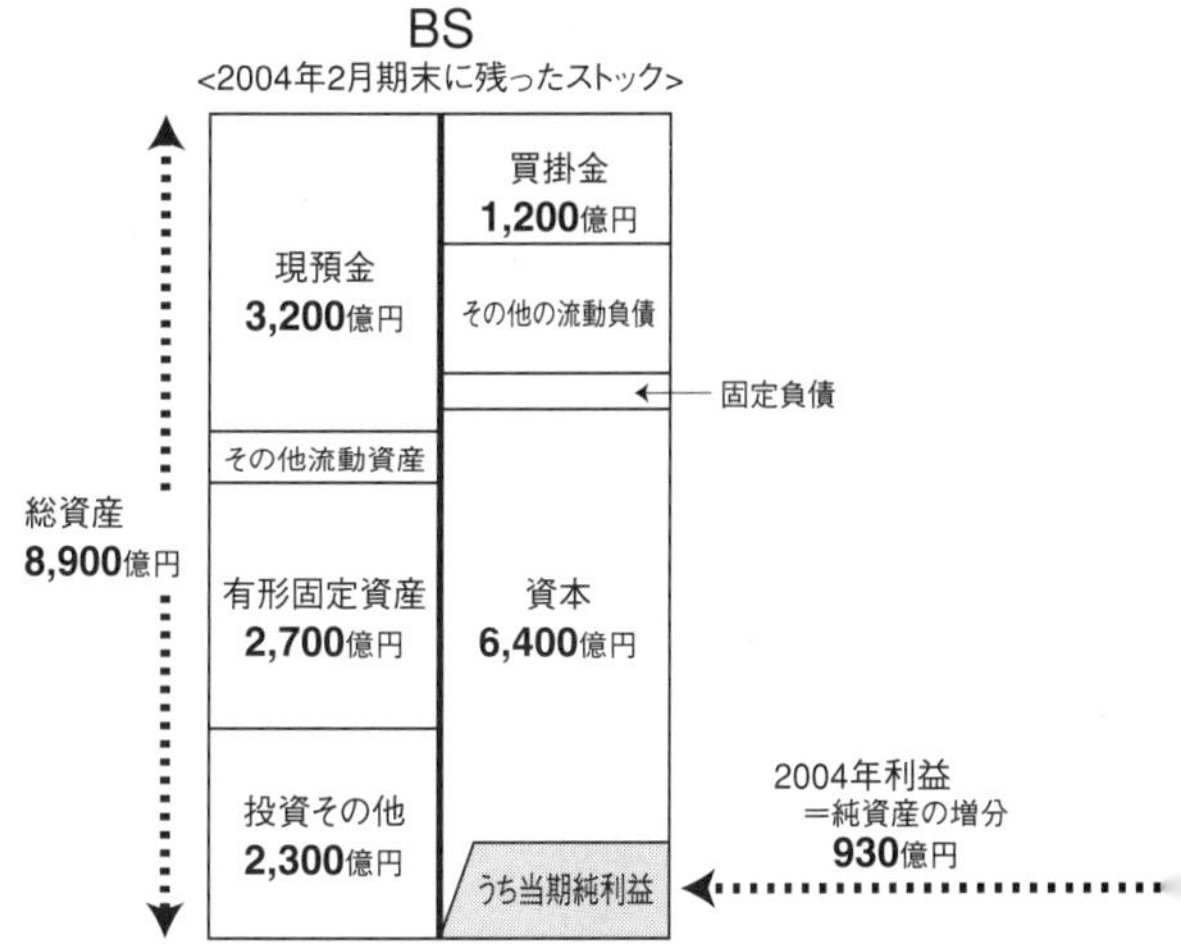

振り込むことになっています。

一方で、弁当会社はコンビニ本部に請求書を出します。本部はまとめて払うことになるので、結果、１２００億円の買掛金が期末に残っているというわけです。売上は現金商売、仕入れは掛けで、というのはとても美味しい商売なのです。それがセブン-イレブンのビジネス・モデルです。

コンビニのフランチャイズ本部は、実は資金的に非常に裕福なビジネスです。だから現預金が余ります。これを活かさない手はないですよね。

武富士は1・67兆円貸して、そのうち9400億円を有利子負債で調達していました。つまり7000億円強を自己資本でまかなっている勘定です。セブン－イレブンの場合は、現預金だけで3200億円ありますから、武富士ほどではないにせよ十分な資金余力があります。セブン－イレブンが、第2章で述べたような消費者向け総合金融に参入できる一つのワケがここにあります。

ビジネス街に進出するコンビニ

さらにもう一つ、面白い最近の傾向が見られます。有形固定資産が増えていることです。かつてはあまり多くありませんでした。

もともとコンビニのフランチャイズ展開は、町中にある酒屋さん、お米屋さんなどに業態転換を勧めて、フランチャイジーとするやり方でした。フランチャイジーが加盟金を支払ってチェーンに加盟すると、オーナーさん自身が店舗改装などの投資をします。本部は経営指導や商品供給、資金斡旋などはしますが、通常の場合投資はしません。

セブン－イレブンで有形固定資産が増えているのは、明細を見るとわかるのですが、「貸与店舗」が増えているためです（2100億円くらいが貸与店です）。どうして貸与店が増えているか、今どこでコンビニが増えているか、皆さんも考えればわかるはずです。それはビジネス街や街道筋です。そこにはもとから酒屋さんやお米屋さんなどはありません。

ビジネス街では、今コンビニのニーズが高まっているのです。弁当の需要ですが、それはなぜか、わかりますか？　ビジネスパーソンたちの昼食の場所が狭まっているからです。

かつて大手町や丸の内の会社には、社員食堂がありました。でも今はリストラされてしまいました。そして新しい再開発ビルができると、そこに入居しているレストランは高級店が多いのです。そこには年配女性と娘さんが決まって並んでいる話は、第2章でしました。それと対照的に、お父さんはコンビニ弁当を頬張るというわけです。少しさびしい気もしますが、これが現実です。

よって、今は本部が立地のいい場所にコンビニを作って、オーナーを募集するようになってきています。セブン‐イレブンにはお金がありますし、お店を用意してオーナーを募集したほうが店舗展開上いいからです。加盟金を300万円ほど払うと、後は本部がお膳立てをしてくれます。

本部が店を用意して、オーナーを募集します。時代が時代ですので、ものすごくたくさんの人が応募してくるそうです。脱サラ組や独立志向の強い人たちです。セブン‐イレブン本部は応募者の中から、意欲や能力、奥さんの協力度合いなどを勘案して、選ぶことができます。大企業を辞めた人たちは、能力的にも意欲的にも優れた人が多いと聞きます。こんな人たちが、これからのセブン‐イレブンの店舗を担います。

第一世代のコンビニ・オーナーは、酒屋さんやお米屋さんのボンボンたちが多かったわけです。それに比べて第二世代のオーナーは、企業で訓練された有能なビジネス戦士たちです。彼らは狭い店舗で高収益の新しいビジネスを推進できる人たちです。金融ビジネスをはじめとして、ソフトの販売やネット通販など難しい事業展開が待っています。人材のレベルアップでこの状況に対応し、セブン‐イレブンはますます強くなるのではないかと、業界ではささやかれています。

加盟店からの収入３３００億円は、お店の粗利の43%前後をロイヤリティとして徴収したものです。したがって加盟店の粗利合計は３３００億円÷43%≒７７００億円となります。直営店の粗利率は？　といえば、原価率が「直営店売上原価１１００億円÷直営店売上１５００億円≒73%」ですので、27%が粗利率となります。直営店の粗利は、加盟店の粗利よりやや高いのではないかと考えられます。新製品のテスト販売などが行なわれるものの、ベストな運営がされていると思うからです。でも直営店の粗利率が加盟店のものとイコールと仮定すれば、加盟店の粗利合計額7700億円を27％で割れば、加盟店の売上合計額が算出できることになります。つまり「加盟店粗利7700億円÷粗利率27％≒加盟店売上高2兆8500億円」となります。

これは仮定に基づく推算ですので正確ではありませんが、日本のトップ小売業の売上総額は3兆円近くに達していることになります。

金融業でも一流のトヨタ

今度はトヨタの財務諸表を見てみましょう。トヨタといえば、どんな特徴が思い浮かびますか？

・株式時価総額では世界の自動車会社のトップ、かつ日本の全企業中のトップ
・自動車生産台数はGMに次いで世界第二位
・世界に工場を展開し、カイゼンで有名な効率生産の会社
・カンバン・システムで在庫の少ない会社
・トヨタ銀行といわれる金持ち会社……etc.

トヨタの多角的な展開については、第2章で触れましたが、トヨタは既に自動車会社という範疇《はんちゅう》だけでは、とらえられない会社になっています。そのことはトヨタの有価証券報告書（証券取引法上、上場企業が作成を義務付けられている投資家向けの企業情報の冊子）の中にある「セグメント情報」（セグメントとは事業分野のこと）を見れば、よくわかります。

トヨタほどの巨大企業ともなると項目が多いので、ここではトヨタが公表しているセグメント別の財務諸表で概観してみましょう。〈図表3－8〉は、セグメント別に分け、比例縮尺して表現されたBS、PLです。

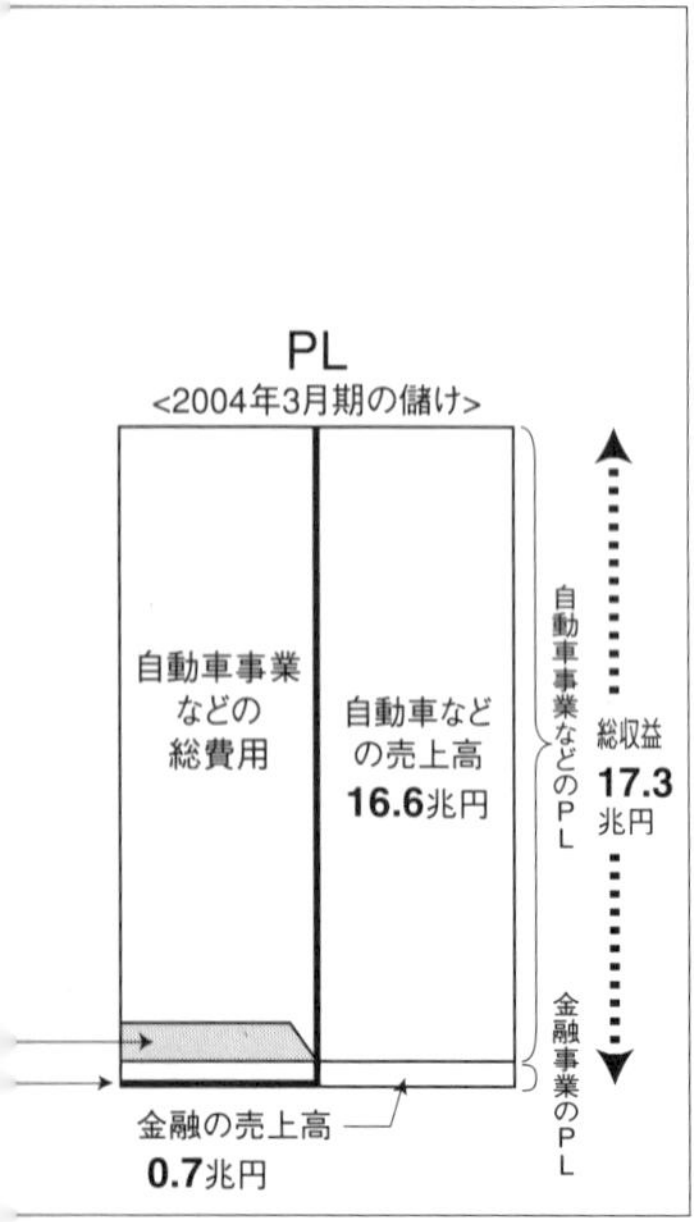

詳細な情報はすべてトヨタのホームページに載っていますので、興味のある方はそちらを見てください（www.toyota.co.jp の平成一六年三月期決算要旨）。

BSを見ると、金融事業に8兆円もの資金を投下していることが

図表3-8　トヨタ自動車のセグメント別財務諸表

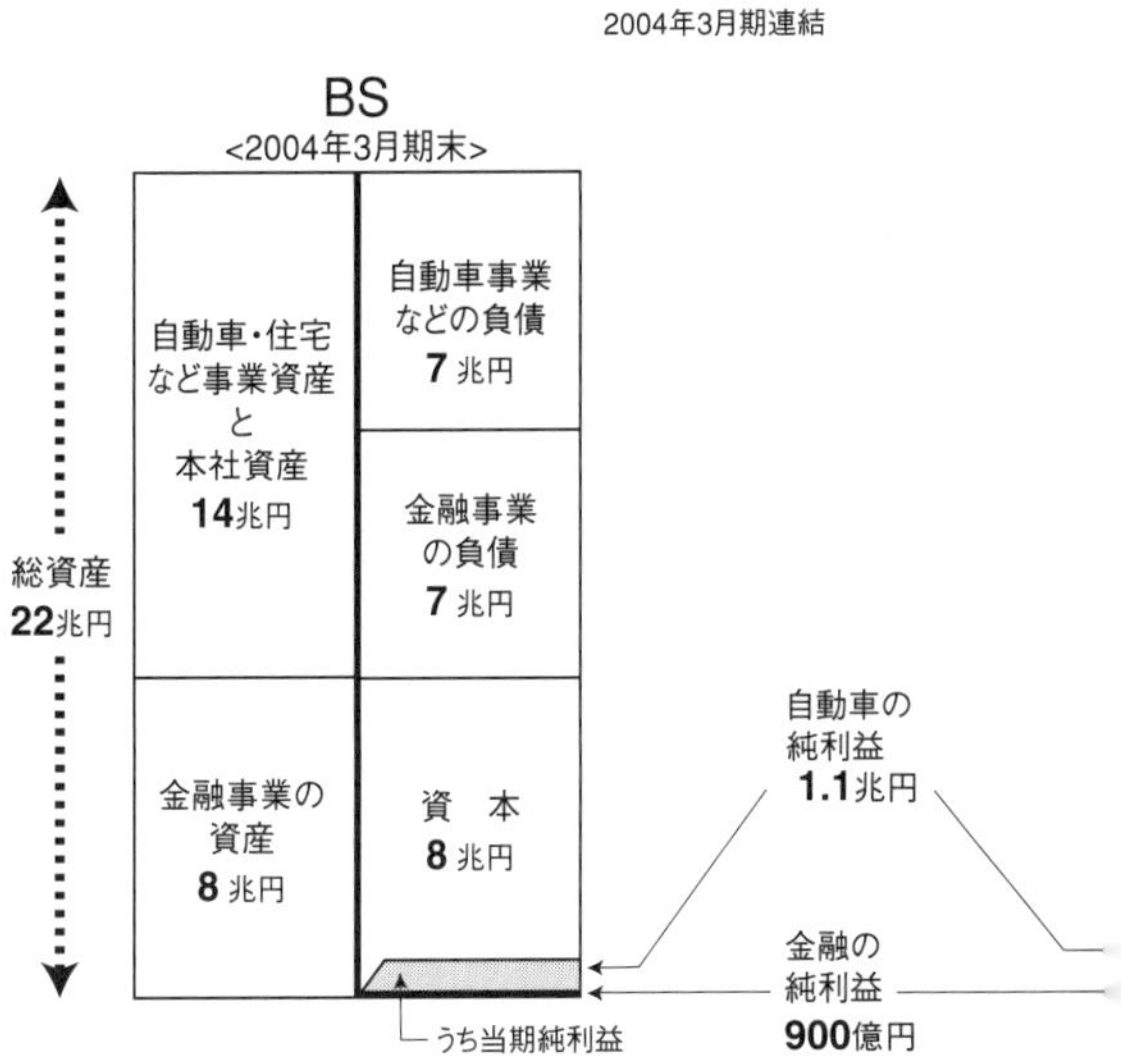

わかります。ホームページを見ると、金融以外の資産14兆円のうち、自動車事業の資産は10兆円強です。したがって金融事業には、自動車事業に近い資産金額が投入されていることになります。トヨタの金融事業にかける本気が伝わってきますね。

金融事業の8兆円の資産は7兆円の負債でまかなわれています。この負債のうち6・8兆円が借入金や社債などの有利子負債です。金融以外の事業の有利子負債が1・6兆円であるのに比べると、ものすごい金額です。

「資産8兆円－負債7兆円＝純資産1兆円」が金融事業の分ですが、1兆円の純資産で0・7兆円の売上を上げ、900億円の純利益を上げています。自己資本（＝純資産）の利回り（自己資本利益率）は9％となります。武富士の自己資本利益率は〈図表3－5〉から、「純利益750億円÷自己資本8900億円≒8・4％」です。これだけとれば、トヨタは武富士よりいい商売をしています。さすがですね！

トヨタのBSが重たいことは、ホンダや日産と比べてみればわかります。

ホンダは8・3兆円の総資産を持ち、8・2兆円売り上げている会社です。また日産は7・9兆円の総資産で、7・4兆円の売上があります。トヨタに比べると両社とも、BSの軽い会社といえます。

とはいえ総資産のうち、ホンダは3・7兆円を、日産は3・5兆円を金融事業につぎ込んでいます。自動車と金融事業が切っても切れない関係にあることを教えてくれます。

ソニー低迷のナゼ

今までお金をたっぷり持つ、儲かる会社を主に見てきましたが、ここで業績のあまり良くない会社も見ていくことにしましょう。

ソニーはブランド・イメージの高い世界企業ですが、業績回復が思わしくありません。二〇〇三年度決算発表では株式市場に衝撃を与え、「ソニー・ショック」といわれました。ソニーはなぜ容易に儲からなくなっているのでしょうか？

既に述べたように、ソニーはエレクトロニクス、エンタテインメント、ファイナンスの三本柱で成り立っているコングロマリットです。複合企業の財務諸表は、性格の異なる事業が組み合わされているので、特徴が出にくくなります。しかしだからこそ、ここでは大きく展望してみましょう。

〈図表3－9〉はソニーのBS、PL、〈図表3－10〉はwww.sony.co.jpに載っている詳しいセグメント情報の一部です。

全体のBS、PLを見ると、ソニーの厳しい状況がすぐ目に入ります。総資産9兆円に対する利益は900億円なので、利回り（総資本利益率といいます）は1％です。売上高利益率も1％強にすぎません。わずか1％の利益というのは、競争が厳しくなればすぐに吹き飛んでしまうほどのパーセンテージです。

〈図表3－10〉の「ビジネスセグメント別損益」の営業利益を見ると、総売上の60％強を占めるエレクトロニクスの利益が赤字になったり黒字になったり、フラフラしているのがわか

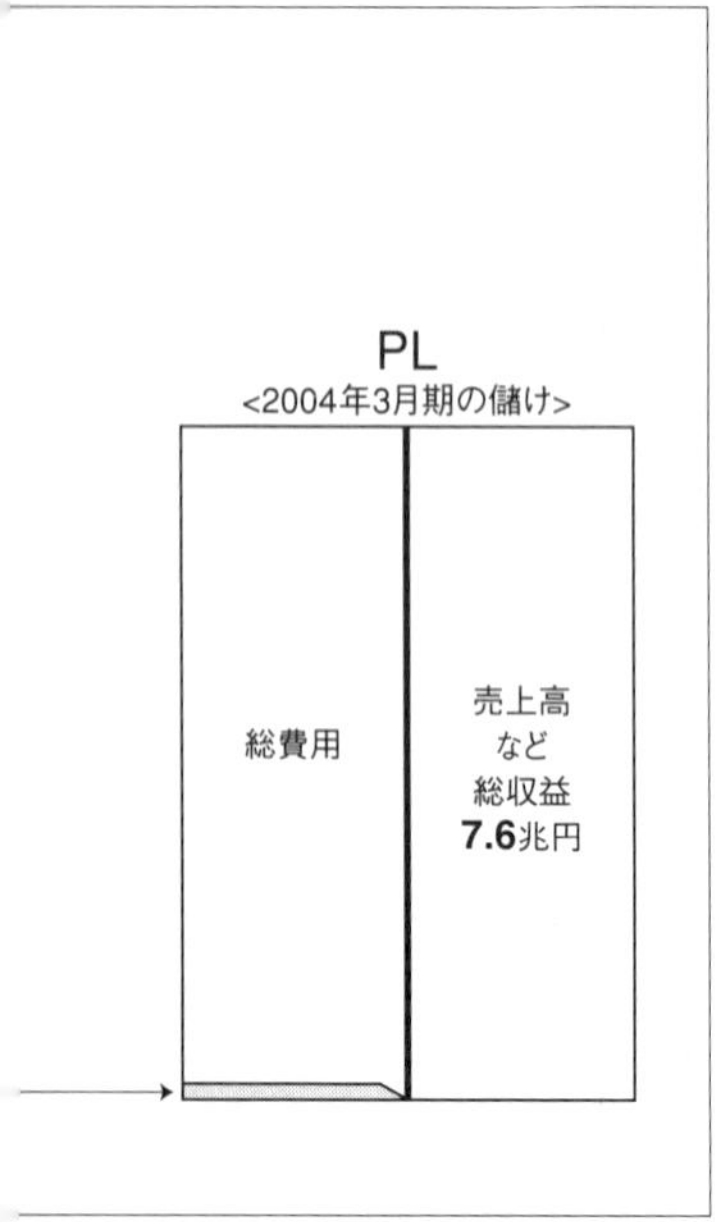

ります。音楽も同様にフラフラです。一方で稼ぎ頭だったゲームと映画が、大きく落ち込んでいます。金融は黒字が安定して伸びている感じですが、「その他事業」はずっと赤字です。

「その他事業」というのは、およそあらゆる事業といってもいいほど多様な事業を含んでいます。ソニーはグループの中に、インターネットを使った種々のサービス（例えば就職・転職支援サービス、医師向け情報サービス……etc.）、キャラクター商品や化粧品をはじめとする物販事業、出版、システム・ソリューションなどを持ち、それらを挙げれば切りがありません。ソニーは子会社の数（１０００社を超える）では、日本一の企業です。多様な事業を育成しているという見方もできますが、分散し過ぎた総合企業という面も否めません。育成なら先行投資ですが、現代の総合企業は弱い傾向にあります。したがって「その他事業」トータルで赤字という現実を、どう評価するべきか悩ましいところです。

図表3-9　ソニーのBS、PL

2004年3月期連結

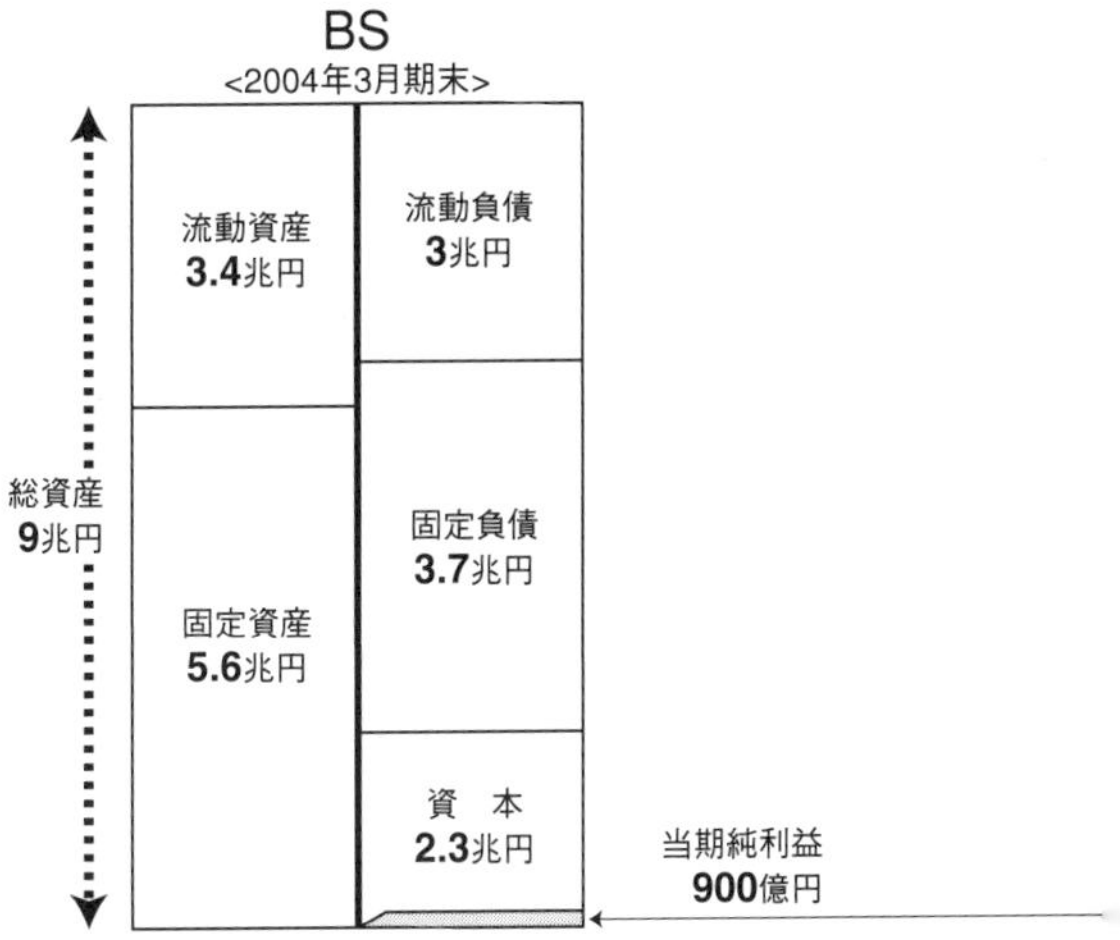

3ヶ月先が読めない市場

ソニーはわれわれに身近な製品を作っている会社なので、周囲で起こっている事情を思い起こせば、皆さんにもソニーの苦境はわかるはずです。

映画は2002年度に「スパイダーマン」が大ヒットして、大儲けしました。しかし映画は毎年ヒット・ランキングがめまぐるしく入れ替わる〝水もの〟商売です。したがってこれは運次第という面もあります。

でも問題はゲームです。ゲーム

（2004年3月期）

ビジネスセグメント別損益

（単位：百万円。カッコ付きはマイナスまたは支出超過を表す）

3月31日に終了した1年間

	2002年	2003年	2004年
営業利益（損失）：			
エレクトロニクス	（ ¥1,158）	¥41,380	（¥35,298）
ゲーム	82,915	112,653	67,578
音楽	22,132	（ 7,867）	18,995
映画	31,266	58,971	35,230
金融	21,822	22,758	55,161
その他	（ 18,249）	（ 24,983）	（ 10,030）
計	138,728	202,912	131,636
セグメント間取引消去	17,148	15,897	14,530
配賦不能営業費用控除	（ 21,245）	（ 33,369）	（ 47,264）
連結営業利益	134,631	185,440	98,902
その他の収益	96,328	157,528	122,290
その他の費用	（138,184）	（ 95,347）	（ 77,125）
連結税引前利益	¥92,775	¥247,621	¥144,067

ビジネスセグメント別資産

（単位：百万円）

3月31日に終了した1年間

	2002年	2003年	2004年
総資産：			
エレクトロニクス	¥3,089,791	¥2,848,492	¥2,876,490
ゲーム	722,021	673,208	684,226
音楽	675,186	604,311	575,276
映画	960,266	868,395	856,517
金融	2,482,536	2,897,119	3,475,039
その他	315,984	350,521	393,291
計	8,245,784	8,242,046	8,860,839
セグメント間取引消去	（268,416）	（261,407）	（313,245）
配賦不能資産	208,427	389,906	543,068
連結合計	¥8,185,795	¥8,370,545	¥9,090,662

図表3-10　ソニーのセグメント別情報

（2004年3月期）

ビジネスセグメント別売上高および営業収入

（単位：百万円。カッコ付きはマイナスまたは支出超過を表す）

3月31日に終了した1年間

	2002年	2003年	2004年
エレクトロニクス			
外部顧客に対するもの	¥4,772,550	¥4,543,313	¥4,758,400
セグメント間取引	513,631	397,137	138,995
計	5,286,181	4,940,450	4,897,395
ゲーム			
外部顧客に対するもの	986,529	936,274	753,732
セグメント間取引	17,185	18,757	26,488
計	1,003,714	955,031	780,220
音楽			
外部顧客に対するもの	541,418	512,908	487,457
セグメント間取引	58,633	84,598	72,431
計	600,051	597,506	559,888
映画			
外部顧客に対するもの	635,841	802,770	756,370
セグメント間取引	0	0	0
計	635,841	802,770	756,370
金融			
外部顧客に対するもの	480,190	509,398	565,752
セグメント間取引	28,932	27,878	27,792
計	509,122	537,276	593,544
その他			
外部顧客に対するもの	161,730	168,970	174,680
セグメント間取引	99,733	137,323	155,712
計	261,463	306,293	330,392
セグメント間取引消去	(718,114)	(665,693)	(421,418)
連結合計	¥7,578,258	¥7,473,633	¥7,496,391

注記：エレクトロニクス分野におけるセグメント間取引は、主としてゲーム分野に対するもの。
音楽分野におけるセグメント間取引は、主としてゲームと映画分野に対するもの。
その他分野におけるセグメント間取引は、主としてエレクトロニクス分野に対するもの。

の利益下降は著しいものがあります。前にも触れましたが、若者は以前ゲームに熱中していました（その前は音楽でしょうか）。しかし今は携帯電話に夢中です。エンタテインメントの主役の座は既に変わりました。ソニーはゲームに代わる、エンタテインメント事業の柱を模索中です。私はＡＩＢＯやＱＲＩＯといったエンタテインメント・ロボットに注目していましたが、まだブレイクしていません。他にもいろいろ種まきし、探索していますが、まだ過渡期のように思います。

エレクトロニクスはさらに大問題です。日立や松下がデジタル家電と中国特需の恩恵を受けている中で、ソニーは必ずしもそれに乗れていないように思いませんか？

「あのソニーがなぜ？」という思いは、多くの人も同じと思います。

とはいうものの、私は最近シャープの大型液晶テレビを買いました。少し前なら、シャープ製のテレビを買おうとは思いもよりませんでした。ソニー・ファンだった私は、ずっとソニーのテレビを見てきましたし、ＶＡＩＯ（パソコン）が数台、家にあります。ＡＩＢＯも１匹（？）、家の中を歩いています。ウォークマンは累計で何台買ったかわからないほどです。

でも家電店の店頭で選んだのは、シャープのテレビでした。アップルのｉＰｏｄにもグッと来ました。上海に行ったとき見たサムスンのハイエンドの携帯電話は、ひと頃のソニー製のようなグッド・デザインで、ビックリしました。

ソニーがいろいろな企業に囲い込まれて、埋もれているように見えます。

パソコンの売上ランキングは毎週発表され、私はいつも見ています。この順位がPOPミュージックのランキングのように毎週激しく入れ替わります。VAIOの新製品はよくトップを取りますが、それでもすぐNEC製や富士通製にひっくり返されてしまいます。新しいデザインに最新のテクノロジーをつぎ込んで、満を持して発売しても、2～3週間の天下だったりします。

ある日本を代表するエレクトロニクス企業の幹部と食事をしたときに、私が「御社は長期ビジョンをなくしていませんか？」といいましたところ、真顔でこういわれて返す言葉を失いました。

「先生、ウチの長期計画は3ヶ月なんです。先なんか読めません！」

豊かな社会・日本に生きるエレクトロニクス企業は、今やいわば「いらないもの」を売っています。企業はこれでもかこれでもかと、より高性能の製品をわれわれに売り込んできます。しかしオーバー・スペックのパソコンや携帯電話がなくても、何も困りません。モデル・チェンジが速すぎて、むしろ困っている人もいるほどです。

　でも若い人はデザインがおしゃれだったり、「着うた」がダウンロードできたり、歩きながらテレビが見れたりすると、かろうじて新品に買い換えてくれます。必ずしも高性能で売れるわけではなく、娯楽性で商品が売れているのです。

　娯楽は浮気な若者に翻弄《ほんろう》されます。「超イケテルゥ！」とかいってもらえないと、買ってもらえません。そして「イケテナァーイ！」で捨てられます。POPミュージックのランキングのように、毎週売れ筋は乱高下するわけです。

　エレクトロニクス企業の幹部がいうように、今の日本で3ヶ月先の市場を読める人が果たしているでしょうか？　ソニーはこんなきわめて難しい市場に入り込んで、アップアップしているわけです。売上7兆円を超す大企業が、波にもまれる木の葉のように揺さぶら

図表3-11　熊谷組の連結比例縮尺BS、PL

2003年3月末～2004年3月末

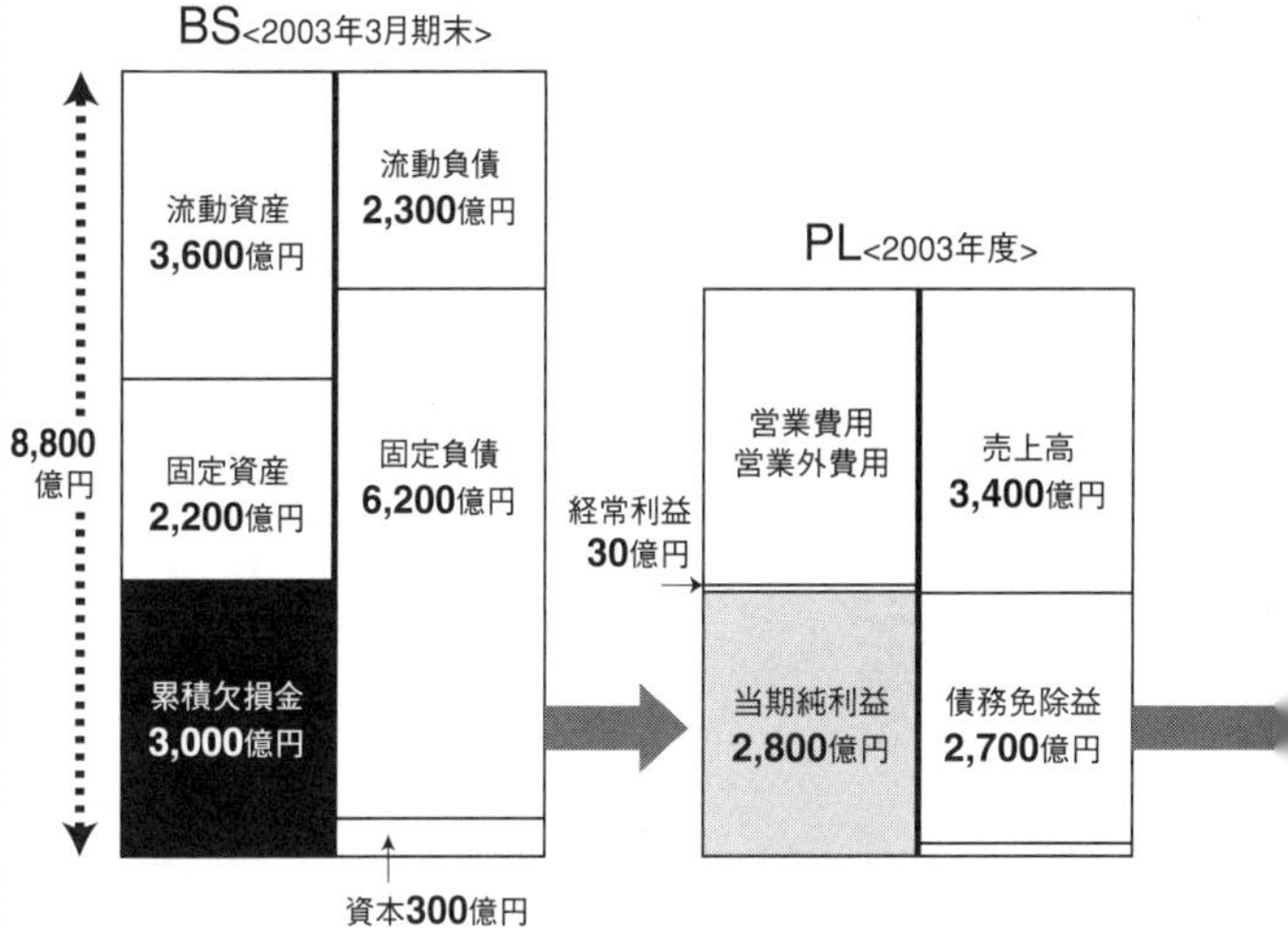

れているのです。今は多少調子が良い他社も、事情は同じです。

一握りの勝ちパターンを構築し得た企業を除いて（しかしそれも、いつまで続くか保証の限りではありません）、エレクトロニクス産業は既に構造不況業種になっているといえるかもしれません。

熊谷組の再建計画

厳しい会社を見たついでに、さらに非常に厳しい会社の財務諸表も見てみましょう。

〈図表３－11〉は熊谷組の二〇〇四年三月期のＰＬと、その前後２

期間のＢＳです。

熊谷組は特に土木工事で高い技術力を持つ会社です。しかしリスクの高い再開発事業や海外工事に積極的に進出して、バブル崩壊に遭い、苦しんできました。建設と不動産業、商社、小売業などにはこういう災難に遭った会社が多いわけで、今新聞をにぎわしているミサワホーム、大京、ダイエーなどはそれに含まれます。

熊谷組は二〇〇二年度に残っていた過去の膿《うみ》を出す形で、３０００億円弱の純損失を出して債務超過の会社となりました。総資産より総負債が多い場合、債務超過といいます。

この苦境を銀行から約２７００億円債務免除してもらって（ＰＬの債務免除益）、黒字決算２８００億円としました。その純利益の他に増減資も組み合わせて、純資産３００億円の会社に再生しました。

流動資産も固定資産も大きく減っていますが、それは保有していた不動産や不良債権を大胆に処分したものです。ＢＳを大幅に縮めて、これからジャンプしようとする決意が読み取れます。早く立ち直ってほしいものです。

図表3-12　ソフトバンク、楽天、ライブドアの連結PL

（単位：億円　予想数値は会社四季報より）

企業名	決算年度	売上高	営業利益	経常利益	当期純利益
ソフトバンク	2002年3月	4,053	▲239	▲333	▲888
	2003年3月	4,069	▲920	▲1,098	▲1,000
	2004年3月	5,174	▲549	▲719	▲1,071
	2005年3月(予)	6,000	▲200	▲370	▲170
楽　天	2001年12月	68	16	14	▲42
	2002年12月	99	26	22	▲33
	2003年12月	181	48	44	▲526
	2004年12月(予)	440	150	150	▲70
ライブドア	2001年9月	36	2	3	1
	2002年9月	59	12	11	5
	2003年9月	108	15	13	5
	2004年9月	309	57	50	36

赤字の事業モデル・ソフトバンク

ここまでは大企業ばかりでしたが、ベンチャー企業も見てみましょう。

プロ野球の勝ち組（？）であるソフトバンクと楽天はここ数年間、巨額赤字を出し続けていると前にいいました。〈図表3－12〉はライブドアを加えた3社のPLです。

ソフトバンクはここ4年間、営業損益、経常損益、当期純損益レベルでいずれも赤字です。しかも1000億円レベルの巨額赤字です。赤字の最大の要因は、ヤフーBB事業です。ブロードバンドのモデムをタダで配っているので、つまり先行投資しているのでこの結果です。将来ユーザーが利用料を払い続けてくれれば投資回収できますが、それはわかりません。

こんな赤字を4年も続けて、どうして経営をやっていけるのか、不思議でしょう？

通常こんな事業モデルは長続きしません。家計でいうと、フローの収入がないのに大金を使い続けていくようなものですから。でもソフトバンクはこれが可能なのです。

なぜかといえば、いわば赤字の家庭に虎の子の株券があって、それが大きく値上がりしているからです。所得はなくても資産の値上がりで食べている、金満家庭のようなものです。

ソフトバンクの虎の子は、ヤフーが筆頭です。また、新しい企業買収にも非常に積極的です。買収企業が飛躍的に伸びれば、株の価値は上がり、資産は増えます。

「PLは捨てている」とソフトバンクの孫さんはいいます。孫さんの経営に対する評価は二分されますが、こういう事業モデルも今日的なビジネス・モデルなのです。

利益の概念は変わる

楽天は、といえば経常段階まで黒字ですが、上場した二〇〇〇年以降5年間、最終赤字です。二〇〇三年には526億円もの赤字を出しています。

ここで利益の概念について、説明しておきましょう。

商品を売っている会社（製造業や小売業など）の場合、売上から売上原価（商品の調達原価です）を引いたものを粗利といいますが、PLでは「売上総利益」という言葉で表現します。

売上総利益から販売費および一般管理費（販管費と略称します）を引いたものを「営業利益」といいます。販管費は文字通り、販売や管理、さらに研究開発にかかったコストです。営業利益は「本業の営業活動で得られた利益」という意味です。

販管費に入らないコストには、財務活動の費用があります。例えば資金調達に伴う金利の支払や為替の損失などです。こういうものを「営業活動外のコスト」という意味で、「営業外費用」と呼びます。

財務活動では、有価証券を売って利益を出したり、預金の利息が入ってきたりします。つまり「営業外収益」もあります。これらの営業外損益を差し引きして得られた利益を「経常利益」といいます。「その企業が経常的に稼ぎうる利益」を表しています。

ここで経常的とは、特別な事態によって発生した損益は除く、という意味です。特別とは地震で損害をこうむったような場合です（地震損失で表します）。また事業に必要な本社や工場を売ったりするのは、およそ苦境に陥ったときなどのアブノーマルな状態と考えられています。したがって固定資産売却損益は「特別損益」になります。

経常利益から、特別損益を差し引きして得られたものから、さらに税金を差し引くと「当期純利益」が出ます。

損益計算書（ＰＬ）はこのように、利益をいろいろな種類に分解して示しています。企業の収益のあり方をよりわかりやすく見せているわけです。

ただし以上の利益の概念は、従来からある日本基準の考え方によるものです。

一方で現在の大企業は、ソニーのようにいろいろな産業分野に多角化しているのが一般的な姿になっています。ソニーはエレクトロニクス製品を売っているだけでなく、多様なサービス事業もやっています。つまり物を売らないサービス業もやっています。そんな企業のグループ全体の業績を表すのに、売上総利益は意味を成さなくなります。また金融事業では、財務活動そのものが本業なので、金利は営業外費用ではありません。

さらに今日、事業の売買は日常茶飯事になりました。本社や工場や営業所を売ったり買ったりするのも、もはや「特別な要因による損益＝特別損益」とはいえなくなってきています。

したがって米国基準や国際会計基準では、要するに「営業収益－営業費用＝利益」というシンプルな形に落ち着きつつあります。日本基準もまだしばらくは続きますが、会計の表現も時代の変化に合わせて、変わりつつあるということです。要注意のポイントですね。

楽天のビジネス・モデル

さて楽天に話を戻しましょう。

〈図表3－13〉は二〇〇三年一二月期のPLと、その前後2期間のBSです。真ん中のPLを見てください。

楽天は二〇〇三年度に、売上総利益165億円、営業利益47億円、経常利益44億円を上げましたが、当期純損失は526億円のマイナスとなっています。経常的には44億円程度の利益を上げることができるのに、なぜか最後は巨額赤字というわけです。

その原因は、PLの下のほうにある特別損失を見れば明らかです。602億円もの金額を計上しています。

もう一つ特徴的なのは、BSが期首と比べて期末では大きく膨張していることです。何と、総資産が5・5倍、金額にして1500億円以上増えています。これは特別損失と関係があります。

何をしたのか、推測できますか？

資産負債が大きく膨らんだのは、図表の中にあるように証券業に使われている資産負債が主な要因です。証券会社を買収したことがわかりますね。

楽天は二〇〇三年中に、いくつもの企業を買収しました。ソフトバンクやライブドアと同じです。その中で大きな買い物は、マイトリップ・ネット株式会社とＤＬＪディレクトＳＦＧ証券（オンライン専業証券会社）でした。前者は日立造船から３２３億円で、後者は住友グループなどから３０１億円で買いました（この情報は楽天のホームページ、www.rakuten.co.jp の中の、投資家向け情報に載っています）。

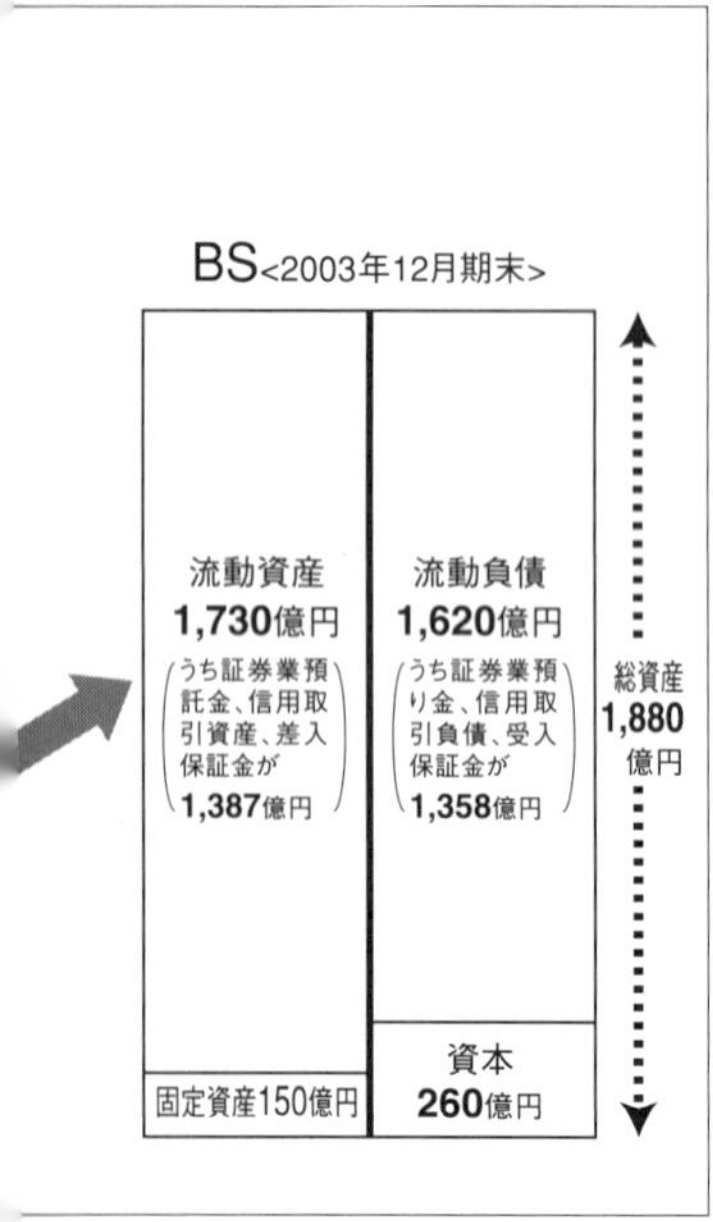

マイトリップ・ネットは「旅の窓口」という旅行の予約サイトを運営する業界トップ企業でした。売上高は32億円、当期純利益５億５０００万円、純資産13億円（いずれも二〇〇三年三月期実績）の

図表3-13　楽天の連結比例縮尺BS、PL

2002年12月末～2003年12月末

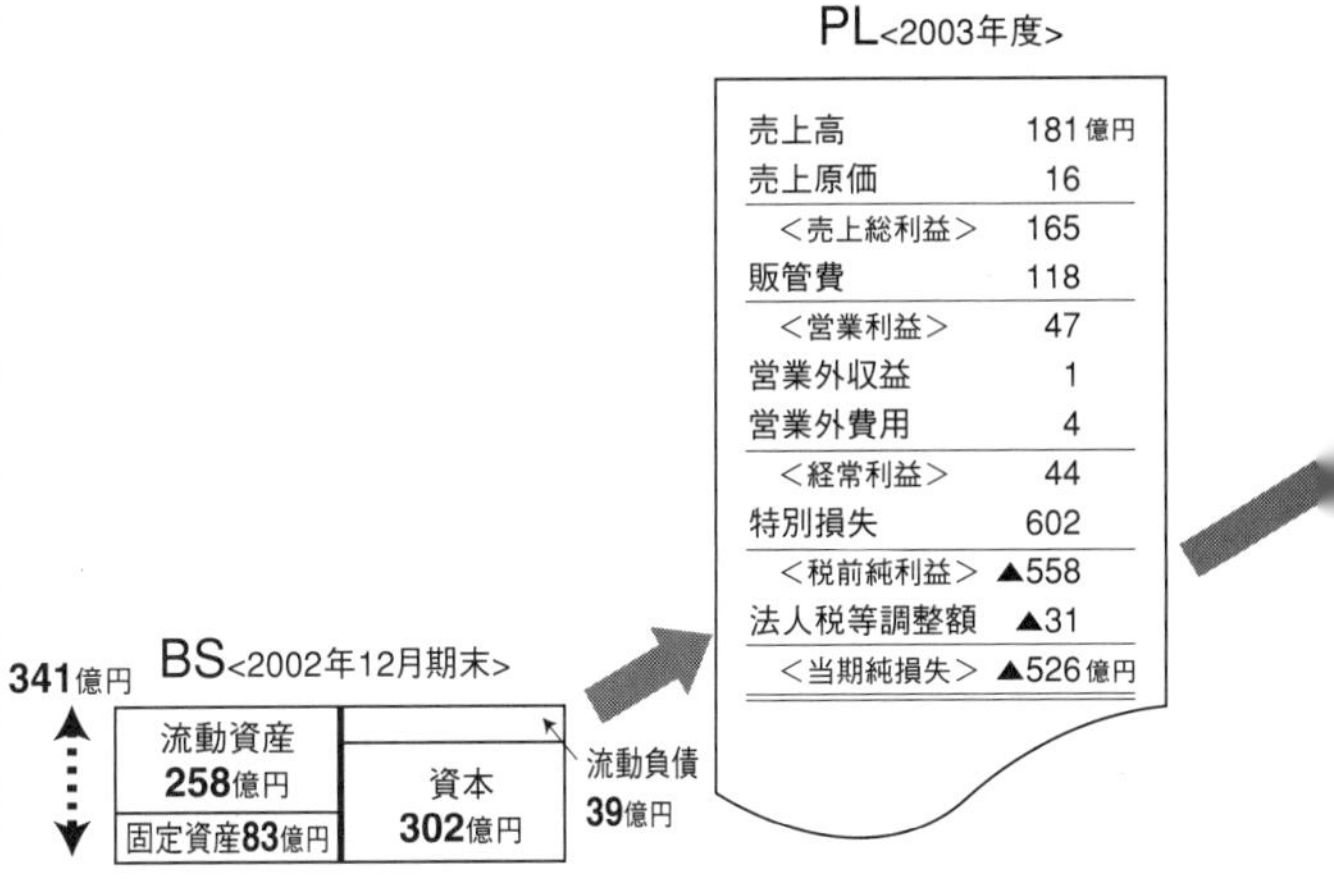

PL<2003年度>
売上高 181億円
売上原価 16
<売上総利益> 165
販管費 118
<営業利益> 47
営業外収益 1
営業外費用 4
<経常利益> 44
特別損失 602
<税前純利益> ▲558
法人税等調整額 ▲31
<当期純損失> ▲526億円
341億円
BS<2002年12月期末>
流動資産 258億円
固定資産83億円
資本 302億円
流動負債 39億円

会社です。この会社に323億円の値段をつけました。二〇〇三年度利益で計算すると、利益60年分の値段です（！）。投資利回りは1・7%にしかなりません。将来、楽天とのシナジーを期待しているのでこの値段になったのかもしれませんが、ずいぶんと思い切った投資ですね。

DLJ証券に至っては、売上高60億円、当期純損失3億円、純資産40億円（いずれも二〇〇三年三月期実績）の会社です。

約40億円の純資産しかない会社を301億円で買ったので、約2

60億円はプレミアムを払ったことになります。プレミアムは将来生まれるであろう利益を見込んで、値をつけた結果でしょう。でもそれは経営者の判断であって、将来になってみなければ成果はわかりません。無形の価値を見込んでつけたこのプレミアムを、「暖簾」とか「営業権」と呼んでいます。

暖簾とは、老舗の店先にかかっているアノ布です。ただの布に過ぎませんが、お客への知名度や品質への信頼などを象徴しているわけです。その無形のものに価値をおくので、無形固定資産に計上することも可能です。しかしやはり将来はわかりませんので、プレミアムを一気に損失と認識してしまうこともできます。楽天は後者を選択しました。

これを「営業権を償却する」という言い方をしますが、買収したその期に一気に償却しました。マイトリップは310億円、DLJは260億円、合わせて570億円です。これが特別損失のほとんどです。

結果、526億円の最終赤字になりました。ふつう、これだけの最終赤字を出すと、資本は著しく目減りします。債務超過になっておかしくありません。でも楽天の期末には260億円の資本が残っています。

楽天の潔い償却の姿勢が好感を持たれて（?）、増資資金が集まった結果です。

楽天の経営も実は評価が分かれます。実際に「旅の窓口」をはじめとして、従来の事業と買収事業との間にシナジーが生まれているかについては、「生まれていない。ただ利益を合算した水準の業績しか出ていない」と結論づけているアナリストもいます。

また営業権の償却についても、もし二〇〇三年度に生じた営業権を仮に10年間で均等に償却したとすると、毎年60億円もの償却費が販売費・一般管理費の中に入ることになります。二〇〇三年度の経常利益は44億円でしたから、結果として経常赤字16億円になったはずです。だからこそ一括償却したという、意地悪な見方も現実にあります。

かように楽天に対しても、否定的な見方があるわけです。

しかしこれも大型ベンチャーを待望する空気と、金余りニッポンという経営環境を象徴するビジネス・モデルなのです。

第4章　会計で会社を立て直す

財務リストラとは

わが国で、ひと頃はリストラが大流行《はやり》でした。ピークは過ぎたといわれていますが、企業によっては、いつ何時また必要になるかわかりません。企業を揺さぶる時代の変化はそれだけ速いわけです。

「リストラされた」は、クビを切られたという意味によく使われていましたが、もともとの正しい使い方ではないことはご承知の通りです。

リストラクチャリングとは、企業のストラクチャー（構造、組織）を作り変えることで、事業再構築のことです。環境にそぐわなくなった事業を閉鎖したり売却する一方で、買収も併用して事業ポートフォリオを組み替えることをいいます。その過程で人員削減もよく行なわれるので、リストラ＝首切りの代名詞になったわけです。

環境変化はこれからもますます速度を速めそうなので、この章ではリストラ、特に財務リストラについて考えてみましょう。

リストラはおおよそ、企業が赤字を垂れ流し、資金が詰まりそうなときに行なわれます。早く気づいて、まだ体力に余裕のある時期にリストラを終えていれば理想ですが、ほとんどの企業はピンチに陥らないとやりません。銀行から「もう追加融資はダメです」などといわれないと、重い腰が動かないのです。黒船からズドンと一発脅かされるまでは天下泰平というのは、今も続くわれわれ日本人の長所であり短所かもしれません。

多くの場合、資金に詰まるとリストラが行なわれますので、リストラの話の前にキャッシュフロー（資金の流れ）について、お話ししたいと思います。

税金が払えなかったヒット漫画家

会社が赤字になったからといって、その会社が潰れるわけではありません。楽天やソフトバンクは大赤字でしたが、資金は潤沢でした。ＰＬは真っ赤でも、ＢＳに資金がプールされているからです。バブル期に株式投資で巨額の貯金を作り、その後無収入でも悠々と暮らしている人をテレビで見たことがありますが、これと同じです。

逆にＰＬは大黒字でも（高額所得者）、潰れる人がいます。お金の支払いに迫られてパンクした人です。

十数年ほど前に、大ヒットを飛ばした漫画家がいました。原作がアニメ化され、キャラクター商品になり、短期間に10億円近くのお金が口座に振り込まれました。アーティストは往々にして生活設計に疎《うと》いわけですが、彼もそうでした。ドンドン膨らむ通帳を見て、豪邸を買い高級車を買いました。

彼が腰を抜かしたのは、その翌年です。税金を払わないので、税務署が家や家財を差し押さえるといってきたのです。彼は税金の支払いが全く頭にありませんでした。家や車という資産はありますが、通帳のお金はほとんど残っていなかったわけです。

さすがに出版社が間に入り、肩代わりして事態を収拾してくれましたが、彼は実印を取り上げられ、お小遣いをもらう生活に変わりました。親もあきれ果て、見放したそうです。

こういうことは家計だけでなく、企業でも起こります。

この漫画家の場合は可処分所得と、投資スピードが合わなかったといえます。可処分所得（つまり税引後の所得）を上回って、家や家財の購入（つまり投資）をしてしまったために破綻《はたん》したわけです。これがバランスしていれば、問題は起こらなかったはずです。

企業でいえば、ダイエーや西武グループがこれに当たります。

ダイエーは好調なときでも、純利益はせいぜい数百億円レベルでしたが、1兆数千億円の借金をして不動産などに巨額の投資をしました。西武に至っては、利益が出そうになると、節税のためにどんどんホテルやゴルフ場を造って、利益を減らそうとしました。

不動産が値上がりを続けているうちは、この事業モデルは大成功でした。お金を貸した銀行は、担保の価値が上がっているので「お金を返せ」といわなかったからです。ところが不動産価格が何分の一かに急降下したとき、状況が一変しました。「返せ！」になったわけです。

つまり本業で稼ぐ利益水準に、借金返済のスピードが追いつかなくなったわけです。まして資産の値下がり損失で実質的に利益が吹き飛び、支払利息も大きくなるとＰＬも赤字に変わります。

こうして破綻した企業は、挙げれば切りがありません。

「儲け＝使えるお金」ではない

税金が払えなかった漫画家のような企業人は、他にもいます。

例えば利益が出たと思ったらすぐ、分不相応な豪華な本社ビルを建てた社長がいます。売ったらそれで終わりと思っている営業マンも、似たような人です。出荷を終えたら、仕事が済んだと思っている人です。販売代金を回収しないで、売掛金が膨らみ、経理から怒られている人を、あなたの周りでも見かけませんか？

大量生産で一度に製品を作ってしまい、在庫の山を築き上げて平然としている工場長……

もそうですね。

豪華なビルを建てれば、借金返済が始まります。その返済額に見合うお金が、バランスよく本業から入ってこなければ破綻につながります。

得意先に請求書を送ったとき、売掛金を計上します。立派に法律上の債権が成立します。したがって計算上は儲けが生まれたことになります。しかし売掛金が現金決済されないと、お金は入ってきません。お金が入らなければ、支払いに回したり、借金を返済したり事業に使ったりできません。

在庫を大量に作れば、材料仕入れや工員さんの人件費は先に支払わなければなりません。在庫は資産です。でも在庫の山のままなら、お金は寝たままです。売れてお金が入ってこなければ、経営は詰まってしまいます。

つまり儲けることと現金の流れは、別というわけです。計算上は儲けているから、経営は大丈夫だというわけにはいかないのです。

あなたが年収3000万円の高額所得者だとしても、浪費家で手持ちの預貯金を使い果たし、消費者金融から5000万円の借金があったら、立派な破産者です。額面上は高額所得者でも、資金上は禁治産者です。所得と預貯金管理は別物です。それと同じです。

現金（決済型預金を含めた資金）の流れをキャッシュフローといいます。儲けの計算は基本中の基本で、儲けが成立しなければ事業は成り立ちません。しかしそれとは別に、資金（キャッシュフロー）の管理が必要なのです。

儲けの数字と本業から得られるキャッシュフローは違います。超長期的には、2つは一致するはずです。しかし売掛金や在庫になれば入金は先々になるので、短期的には大いにズレます。したがってキャッシュフローは別個に管理しないと、破綻した漫画家のようになってしまうわけです。

企業の資金の流れを表しているのが、第3の財務諸表「キャッシュフロー計算書（CF）」です。CFは実はBSとPLをベースに作られるので、従来は基本表ではありませんでした。しかしキャッシュフロー計算書を見れば、その企業がどんな資金管理をしているかわかります。そのため最近、追加されたものです。

キャッシュフロー計算書がなぜ必要となったのか

連結キャッシュフロー計算書が第三の財務諸表として、わが国の制度会計に正式に登場したのは、実は二〇〇〇年三月期からのことです。それまではありませんでした。なぜ突然現れたかというと、国際的なルールが変わり、日本もそれに合わせざるを得なくなったからです。

第二次世界大戦以降、日本企業のお金を支えてきたのは銀行でした。日本企業の資金調達力を測るメジャーは「銀行からの信頼」でした。銀行にいち早く決算書を届け、事前に説明しておけば、銀行は企業の要請に応じてドンドンお金を貸してくれたわけです。

というよりむしろ、お金を使うことを勧められました。私が経営者をしていた頃、特にバブル期の頃、銀行さんのお誘いは強烈でした。

「山根さん、そろそろ本社ビルを建てたらどうですか?」「貸しビルに投資しませんか?お金は用立てますよ」「個人でアパート経営はどうですか?」……etc.

私は仕事が忙しかったので株式投資もやっていませんでしたが、「有価証券投資もやってないんですか?」「ゴルフの会員権も持ってないの?」と、銀行の営業さんからバカにされたことすらあります。

日本企業が総じてバブルにのめり込んでいったはずです。

でもこんな銀行に対して、縛りのルールが国際会議で決められました。一九八六年の先進国蔵相会議で合意された、ＢＩＳ規制です。

ＢＩＳ規制とは、銀行に「自己資本に見合った、身の丈に合う貸し出し金額の範囲内で商売せよ」と要求するルールです。薄い資本しか持っていないような銀行は、不安定なので国際業務から締め出すよ、というものです。

国民が銀行にお金を貸し（預金し）、銀行が企業にお金を貸す（融資する）金融の仕組みを、間接金融といいます。これに対して国民が直接、企業にお金を投資する（株式ないし社債を買う）仕組みを、直接金融といいます。

日本は、もともと間接金融で経済成長した国です。大企業だろうが、中小企業だろうが、銀行がドンドンお金を貸してくれたおかげで高度成長しました。銀行を後ろで支えたのは、もちろん政府です。だから日本の銀行の貸し出し金額は、自己資本に比べて大きく膨らんでいたのです。

ここにＢＩＳ規制が段階を経て導入されることになりました。バブリーな金融膨張を抑えようという狙いがＢＩＳ規制なので、結果として日本の銀行は大打撃を受けたわけです。逆の見方をすれば、ＢＩＳ規制は「ジャパン・バッシング」の一環といわれています。日本の金融の膨張は、アメリカの国益を損なうという政治判断が裏で働いているわけです。いずれにせよ、基準を達成できないほとんどの日本の銀行が、貸し出しの圧縮に努めざるを得なくなりました。その結果発生したのが、一九九八年頃のいわゆる「貸し渋り」です。バブル崩壊によって、日本企業も傷《いた》んでいましたが、日本の銀行も力が弱められたわけです。もはや銀行に多くの企業を支える力はなくなっていました。大企業の倒産が相次ぎました。一九九九年に日産自動車がルノーに救済を求めたのは、象徴的事件といわれました。

日産はかつての国策会社です。それを支えてきたのは国策銀行の日本興業銀行でした。両者の関係は、一枚岩といわれてきました。両者の行き詰まりが、一つの時代が終わったことをあらわにしたわけです。

こんな時代の中で、キャッシュフロー計算書がルール化されました。キャッシュフローがきちんとコントロールされているか、投資家も取引先もその他の利害関係者も注目しなければならない世の中になったのです。

ソフトバンクのキャッシュフロー計算書を読む

キャッシュフロー計算書は、アメリカでは以前からありました。アメリカは日本と違って直接金融の国です。企業の資金の80%強は直接金融でまかなわれています。

アメリカは世界から移民が集まってできた国です。言葉や考え方の違う人々が集まった国

図表4-1　ソフトバンク(株)の連結キャッシュフロー計算書

（単位：百万円。カッコ付きはマイナスまたは支出超過を表す）

	2003年3月	2004年3月
営業活動によるキャッシュフロー		
税金等調整前当期純損失	(71,475)	(76,745)
＜調整項目＞		
減価償却費	20,904	32,865
持分法投資損益	(11,108)	2,276
有価証券評価損	66,173	14,274
有価証券売却益	(116,839)	(27,033)
売上債権の増減	(3,522)	(25,023)
仕入債務の増減	3,173	(9,531)
その他	44,093	5,088
＜営業活動によるキャッシュフロー＞	(68,601)	(83,829)
投資活動によるキャッシュフロー		
有形無形固定資産取得支出	(64,501)	(61,472)
投資有価証券等の取得支出	(33,414)	(38,945)
投資有価証券等の売却収入	171,350	151,137
子会社株式の一部売却収入	56,356	29,213
その他	(10,041)	1,945
＜投資活動によるキャッシュフロー＞	119,750	81,878
財務活動によるキャッシュフロー		
短期有利子負債の増減額	38,104	(69,852)
長期借入れによる収入	1,380	204,829
長期借入金の返済支出	(7,759)	(50,994)
社債の発行収入	2,496	216,636
社債の償還支出	(52,223)	(56,871)
株式の発行収入	0	48,631
配当金支払	(2,354)	(2,317)
その他	2,740	16,328
＜財務活動によるキャッシュフロー＞	(17,616)	306,390
その他	(5,862)	(14,832)
現金および現金同等物の増減額計	27,671	289,607
現金および現金同等物の期首残高	119,855	147,526
現金および現金同等物の期末残高	147,526	437,133

ですから、日本のように銀行との信頼関係をじっくり育てるようなムラ社会とは違います。さらにフロンティア開拓を続けてきたわけで、このような社会は経営のリスクを出資者同士で分け合う直接金融のほうが向いています。

それにアメリカでは「キャッシュがなくなりそう」と見られると、銀行も取引先も取り付けに殺到するといわれています。企業間の信頼関係を前提としない社会では、取引を続けるにも、キャッシュフローのゆくえをいつもウォッチしておく必要があるのです。

〈図表4－1〉はソフトバンクの実物の連結キャッシュフロー計算書（CF）です（ただし項目や数字などを簡略化ないし要約しています）。

このCFは次の3つのパートからできています。

①営業（活動による）キャッシュフロー
→本業の営業活動そのものから得られた資金収支を表すパート
②投資（活動による）キャッシュフロー
→有形固定資産や有価証券への投資や、投資資産売却などをまとめたパート
③財務（活動による）キャッシュフロー

図表4-2　ソフトバンクの要約CF

（単位:百万円）

	営業CF	投資CF	財務CF	現預金 期首残高	現預金 期末残高
2003年 3月期	△68,601	119,750	△17,616	119,855	147,526
2004年 3月期	△83,829	81,878	306,390	147,526	437,133

→借入金・社債・増資など資金調達や返済、配当状況を表すパート

本物のCFではキャッシュのことを「現金および現金同等物」と書いています。「現金同等物」となっているのは定期預金でも3ヶ月以内の短いタームの預金などを含んでいるためです。要するに「現預金」のことです。

ソフトバンクは本業で資金的にも巨額のマイナスです。本業は垂れ流し状態というわけです。この数字はPLの最終赤字に近い金額です（二〇〇三年三月期△1000億円、二〇〇四年三月期△1071億円）。

一方で、投資CFにマイナスが付いていません。投資CFはプラスなのです。どういうことかといえば、支出しているのではなく、入金超過だからです。投資を回収しているのです。投資有価証券や子会社株式を売って、

投資回収した資金が1000億円前後あり、これで一息ついています。

財務CFは二〇〇三年三月期はマイナスですが、二〇〇四年三月期は3000億円超のプラスです。二〇〇四年三月期に新たな借り入れが2000億円、社債発行で2200億円、株式発行で500億円もの入金があるためです（返済もあるので、ネット3000億円超のプラス）。

このおかげで本業はマイナスでも、手持ちの現預金はグッと増えています。このあたりが「プロ球団のオーナー会社にふさわしい財務基盤」と判断されたのでしょうか？

キャッシュフロー計算書は細かい点は無視して、この程度の読みができれば大丈夫です。

再建計画に必要なBS、PL

ソフトバンクのように本業の資金が詰まっているのに、新たな資金調達ができる企業はレアケースです。ソフトバンクには前に述べたように、ヤフーなどの株式や投資有価証券の含み益があります。投資会社としては評価されているので、資金も集まるわけです。

でも普通はそうはいきません。本業が赤字で、営業キャッシュフローもマイナスの会社は倒産しかねないので、銀行は返済を迫ってきます。取引先も取引をしてくれなくなります。

不渡りを出す前にマイナスをできるだけ減らし、銀行に返済できるような計画に作り直して、説得する必要があります。

そのためにはキャッシュフロー計算書の営業ＣＦ、投資ＣＦ、財務ＣＦをプラスにする努力をしなければなりません。つまり本業で出て行くお金の収支を好転させ（営業ＣＦの改善）、固定資産や投資有価証券を売却し（投資ＣＦの改善）、短期の借金を返しながら、長期資金や増資に切り替えること（財務ＣＦの改善）……などを進めなければなりません。

そうしたリストラ計画を立てるには、やはりＢＳとＰＬを見ながら検討するのが便利です。

私は監査法人に勤めていた頃、よく倒産会社の再建のお手伝いをしました。新しく選任された経営陣と、再建計画を練るのですが、要約したＢＳとＰＬをベースに新しい方針の議論をしたものです。要約した資料を使うほうが、優先順位を決めたり、大まかな金額を算出するのに便利だからです。最初から詳細な資料とにらめっこをすると、混乱してかえって方向が見えなくなります。アバウトに方向性を決め、しかる後にスタッフが詳細図面に落としていけばいいわけです。それをまた経営陣との会議に持ち込んで、再度議論する、ということをよくやりました。

ここでもアバウトな会計センスが役に立ちます。

まずは資金状況の改善

リストラ計画は概ね次の手順で行なわれます。

〈財務リストラクチャリング〉――資金ポジションの改善

・あらゆる不要・不急コストの削減
・あらゆる流動資産の圧縮（売掛金回収、在庫処分など）
・固定資産（本社や工場、投資有価証券など）の売却
・借入金の返済、増資への切り替え
・新しいスポンサー（株主や提携先）探し……etc.

〈営業・生産リストラクチャリング〉――売れる仕組みの改革、生産改革

・製品ラインの見直し
・販売体制の見直し、効率化とスリム化
・販路や物流体制の見直し

・プロモーション政策、価格政策の見直し
・生産ラインの見直し、原価低減活動……etc.

〈研究開発リストラクチャリング〉――売れる製品の開発、技術基盤作りへの改革
・新製品開発体制の再構築
・開発のための技術研究体制や技術提携の見直し
・技術獲得のための人材獲得、M&A……etc.

リストラはまず資金状況を改善しなければなりません。これは最優先です。資金ポジションが改善できなければ、企業はそこで息絶えてしまいます。

営業や生産体制を見直し、再スタートするにはかなりの時間がかかります。研究開発に至っては、即席で改善できるような代物ではありません。しかし結局は売れる製品を出していかないと、企業の再建はできません。その体制を作るためには、５～10年程度の中長期スパンで取り組む必要があります。そこまで生き延びる時間を稼ぐためにも、最初の財務リストラが肝心なのです。

ゴーンさんのリバイバル・プラン

リストラのお手本として有名なのは、日産自動車でカルロス・ゴーンＣＥＯが行なったリバイバル・プランです。

ゴーンさんのリバイバル・プランは次のようなものが骨子でした。

〈コスト・生産力・負債削減〉

・３年間で全体の20％、計１兆円のコスト削減

・二〇〇〇年度に黒字化、二〇〇二年度に負債半減

・国内生産力（２４０万台）の30％削減、年間生産台数を１６５万台にする

〈工場閉鎖〉

・車両組立工場の閉鎖

二〇〇一年三月に村山工場、日産車体・京都工場、愛知機械工業・港工場を閉鎖

・部品工場の閉鎖

二〇〇二年三月に久里浜、九州エンジン工場を閉鎖

〈国内販売網再編〉
・直営ディーラーの数の20%削減
・系列営業所数の10%削減
〈人員削減〉
・世界規模で14万8０００人の従業員を2万1０００人削減
〈その他〉
・保有株式、持合株式の売却促進
・1145社の部品・資材購入先メーカーを6００社以下に削減

リバイバル・プランはかなり強烈でしたので、例えばコスト削減についていえば、グローバル購買、生産、販売・一般管理費という3つの分野で、1兆円ものコストダウンを実施する方針としました。同時に2万1０００人もの人員削減にも取り組みました。

さらに生産や販売や研究開発の拠点を統合し、経営をスリムにし、利益が出る体質へ変えました。かつて日産は「技術の日産」を誇っていましたが、過剰な生産能力を抱えていました。

日産の発表によれば、一九九九年の日本国内の自動車生産台数は128万台でしたが、工場の稼働率は53%に過ぎなかったとのことです。リバイバル・プランでは、過剰な設備をすべて売却して、それによって得られた資金や人を新たな部門へと投入しました。

こうした厳しい財務リストラの一方で、ゴーン社長は、次のように語っていました。

「このプランの中では、コスト削減が顕著で中心的な部分だが、それだけでは成功につながらない。新商品の開発に、重点的な投資を行ない、日産のブランド力を取り戻し、全世界でのシェア向上、収益力向上を図ることが不可欠である」(「リバイバル・プラン趣旨説明」より)

ゴーンさんが言うように、財務を立て直し、工場や販売体制を見直した後、やはり魅力的な製品を出し続けられる体制を作り上げなければリストラは完了しないわけです。

最近の日産は、マーチやキューブやフェアレディZといった個性的な新車種・後継車種を世に出し、さらにフーガやティーダといった魅力的な高級車やミドルクラスの量販車を発売できるまでになりました。既にリストラを終えて、成長戦略を展開できる会社になったことはわれわれが知るところです。

リストラのための会計技術

言わずもがなですが、リストラにはたくさんの障害があります。したがって目標を立ててもその通りにはなかなかいきません。

リバイバル・プランのベースになったのが、改革の始まる直前期の比例縮尺BS、PLです（〈図表4－3〉参照）。

リバイバル・プラン完成までにはもっとたくさんの可能性が検討されたに違いありません。日産のBSとPLをベースにした検討は、資産・負債・資本や収益・費用の端から端まで、すべての項目にわたったはずです。例えば日産のBS上の資産だけとっても、次のような資金状況を改善する方法があります。

皆さんは〈図表4－3〉を見ながら、以下の方法を考えてみてください。

○現金預金（5700億円）の圧縮

・資金統括部門を作り、全子会社の資金を集中管理して効率化する

・不要不急の資金は負債と相殺する

・資金繰りの精度を上げ、金利を生まない預金類を少なくする

図表4-3　日産自動車の連結財務諸表②
連結PL

（1999年3月期　単位：億円・比例縮尺図）

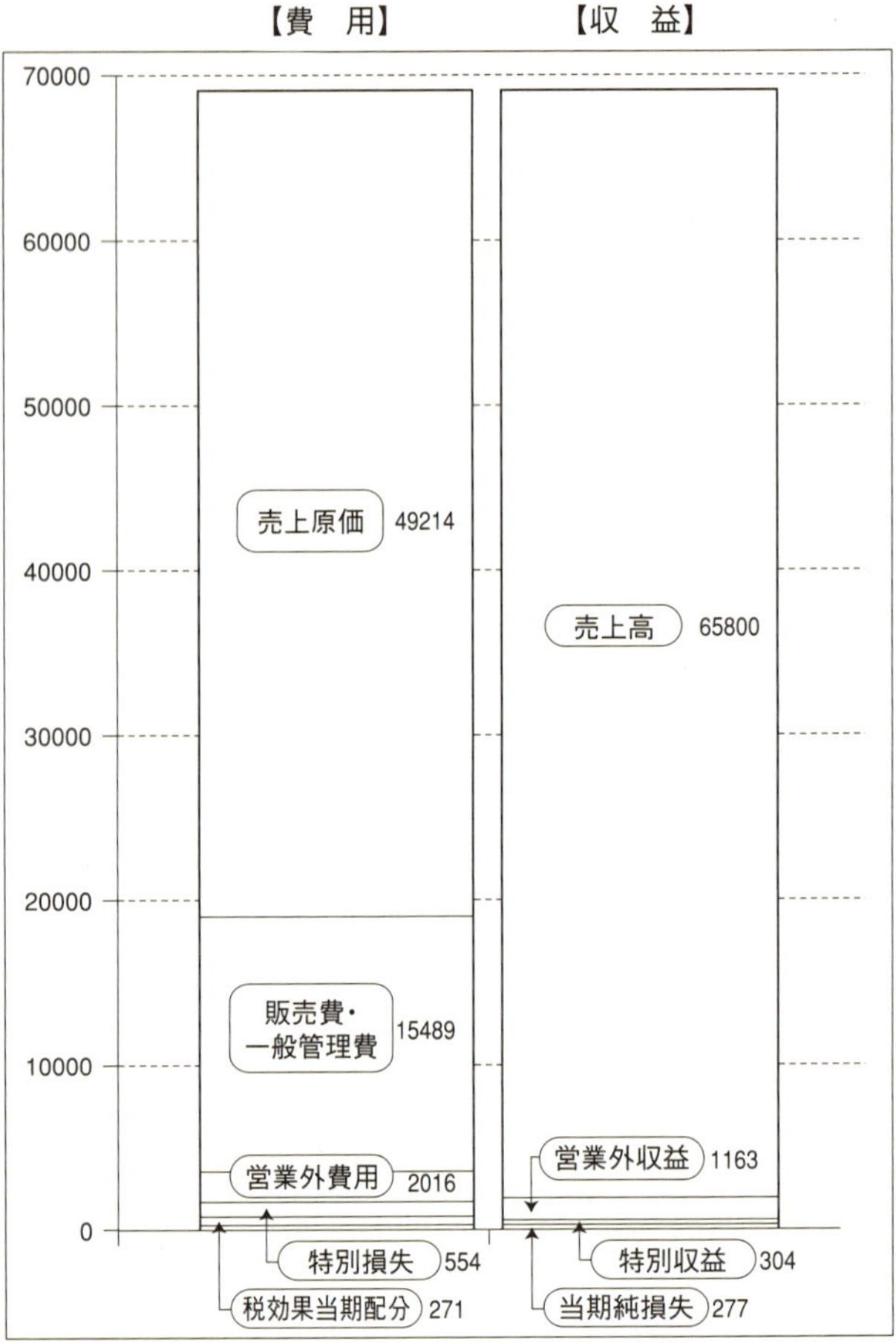

図表4-3　日産自動車の連結財務諸表①
連結BS

（1999年3月期　単位：億円・比例縮尺図）

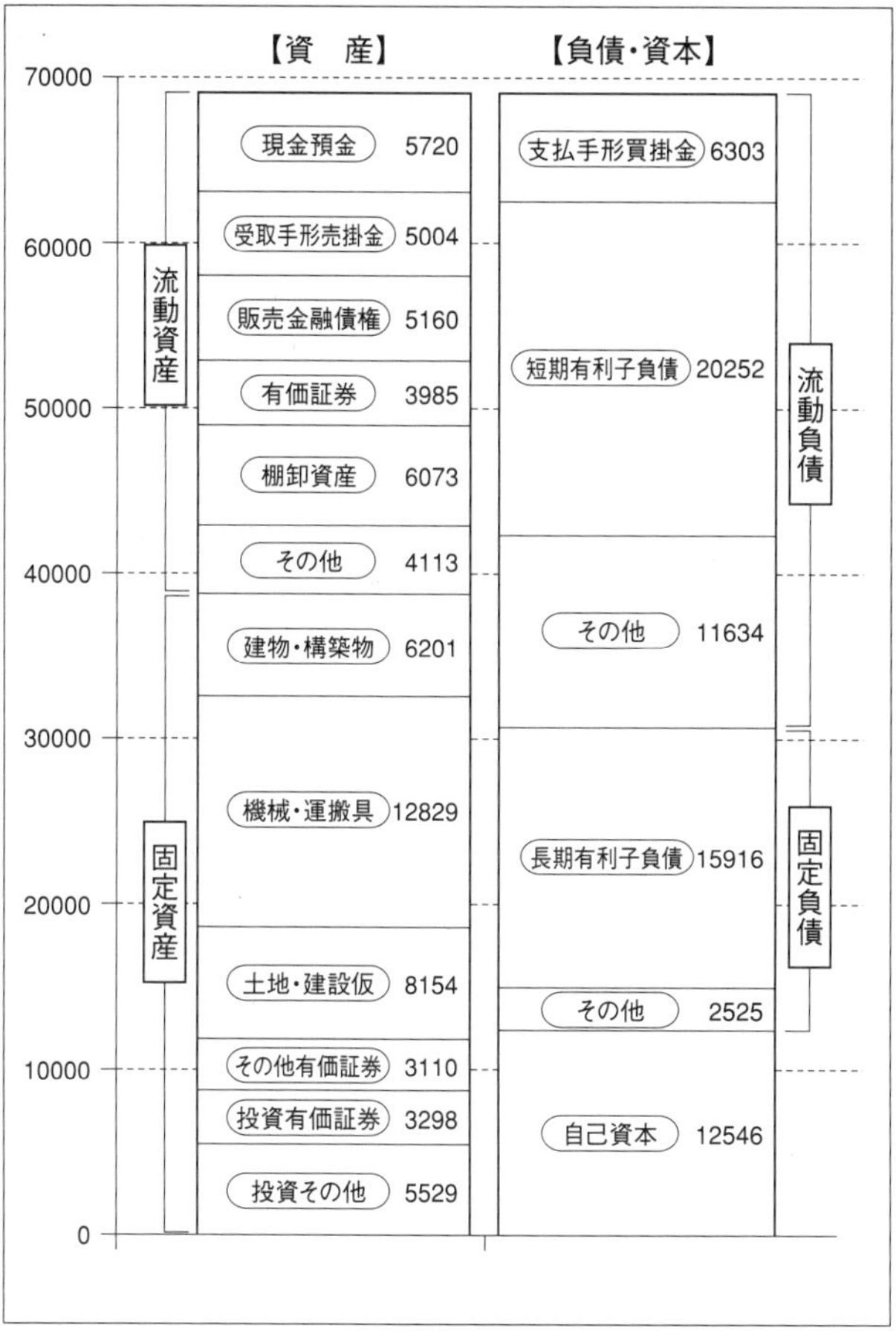

・銀行に集中資金管理をアウト・ソーシングする……etc.

○受取手形売掛金（5000億円）の圧縮

・得意先と交渉して、売上債権の回収を早める

・債権管理システムを再検討する。回収条件の悪い得意先との取引を見直す

・ローン販売事業から撤退する

・外部の債権回収会社を利用し、債権回収業務をアウトソースする

・ファクタリングなどの利用によって、売掛金自体を現金化する……etc.

○在庫（〈図表4－3〉中では「棚卸資産」・6000億円）の圧縮

・滞留在庫を損切りで処分する

・在庫を持たなくて済むように、受注生産に切り替えていく

・設計を見直し、部品点数を削減し、部品の共通化・簡素化を図る

・SCM（サプライ・チェーン・マネジメント）を強化し、部品や仕掛品の在庫を削減する

・効率的な購買管理のために、部品購入先の選別を強化する……etc.

○有形固定資産（図表中では「建物・構築物」「機械・運搬具」「土地・建設仮」合計・2兆7000億円）の削減

・本社の売却、賃貸への切り替え、または不動産を証券化して売却する
・営業所の閉鎖と統合
・工場の閉鎖、外注の活用、開発途上国への生産移転
・基幹事業以外の事業売却（レンタカー事業があるため「運搬具」が多い）
・戦略提携による相互ＯＥＭ（相手先ブランドによる生産）
・保養所、社宅、独身寮などの資産売却……etc.
○投資等（８８００億円）の圧縮
・持合株式の売却、投資有価証券の売却
・関係会社の整理・統合・売却……etc.

日産自動車で在庫が多かったのは、生産水準を保つために、子会社の販売店に在庫を押し付けていたからです。その在庫を減らそうとして見切り売りすると、当然新車はその分売れなくなります。また、既存のお客さんは中古価格が下がってブーブー文句をいってきます。さらに、在庫を減らすというと、当然工場の操業度がもっと落ちますので、今度は工場が文句をいいます。

不平不満の連鎖になるわけです。

工場閉鎖となると、もっと大変です。従業員がまず反対します。OBの役員も出てきて、工場建設時の苦労話などを持ち出して、断固反対します。下請け会社の社長は団結して乗り込んできます。工場を誘致した市長や県知事、国会議員までゾロゾロ出てきて「大反対！」の合唱です。机上のプランは楽ですが、リストラの実行は命がけです。誰もリストラをやりたくないわけです。

当たり前ですが、リストラするときはこんな事態も想定しながら、BSやPLを眺めなければならないのです。これも一つの会計リテラシーといえそうです。

日産自動車の場合、面白いことに、反対する人を納得させる決め手のせりふがあったといいます。

「外人さんがやっていることですから」

こういうと、反対者は妙に納得して黙ったそうです。やはり改革には黒船が必要なのです。日本人は面白いですね。

それではここで、一つ練習問題を出します。

第3章で勉強した事業モデルの分析と、この章でやったリストラクチャリングの方法をベースに考えてもらえば、理解できると思います。

ここでは資金状況の把握と改善を取り上げますが、キャッシュフロー計算書は使わないでいきます。キャッシュフロー計算書は前にも述べましたが、BSとPLから作ることができます。CFがあれば便利ですが、作り方を説明すると長くなります。それに2期間のBS、PLを使えば、キャッシュフロー計算書分析と同じことができるので、CFは省くことにしました。

とはいえ、いきなり2期間の財務諸表が出てくると、やはり面食らうと思います。しかし落ち着いて考えれば、ひも解くことができますので安心してください。時系列に並んだ財務諸表の分析でも、同じように比例縮尺図によるパターン認識を思い出して、企業の実像をイメージしてください。回答は一つの事例を想定したものに過ぎませんので、その点よろしく。

練習問題(1)：ベンチャーの急成長と再生計画

総合商社の食品部に勤める田崎さんは、最近ヤリガイを感じていた。田崎さんが発掘したパティシエ（菓子職人）の辻山さんが展開する「ケーキとパンの店テ・シルブプレ」が、人気を集めて成長していたからである。それに応じて田崎さん担当のテ・シルブプレ社向け売上も、急激に伸びてきていた。

総合商社はもはや安定取引先との大量卸売では、食べていけない時代になっていた。積極的に川下に出て、小売の分野に地歩を築く必要があった。

辻山さんはもともと和菓子職人だったが、フランスで5年修業した。日本に戻ってきた頃、二人は知り合った。田崎さんは辻山さんの才能を見抜き、自分の店を開けるようにお膳立てをしてあげたのである。

最初のお店は自由が丘にオープンした。開店時には田崎さんも店を手伝ったものである。高価格だったが、斬新なデザインと毎週のように新商品を投入する辻山さんの手法は、行列ができるほどのヒットとなった。田崎さんは自分のマーケッターとしての目が的確だったことに満足していた。

ところが二〇〇五年の四月末頃になって、田崎さんに辻山さんから緊急コールが入ってきた。

「お金がない！　支払代金も給料も支払えない！　助けて！」と電話の向こうで、辻山さんは叫んでいた。

田崎さんは、辻山さんのところに飛んでいった。辻山さんの店は二〇〇四年度（二〇〇五年三月期）に3店舗増えて、5店舗になっていた。5店舗目の店は、新しく建てた本社ビルの1階に造られていた。田崎さんが本社5階の事務所に行く前に、店をのぞいてみたところ、お客さんは依然として結構な入りだった。

辻山さんは事務所で肩を落としていた。「経理の女性がお金がなくて支払ができないと、ノイローゼになって辞めてしまった」というのである。彼女がいつもお金がないというので、辻山さんは知り合いなどからお金を借りまくっていたが、いよいよ金策が尽きて田崎さんに電話してきたのである。

「僕にはわけがわからない。お菓子も売れているのに」といいながら、辻山さんは納得がいかない様子だった。

田崎さんは、要領の得ない辻山さんの説明を聞くより、決算をまとめて資金の状況をつかむことが先決だと思い、自分の会社の経理スタッフに手伝ってもらい、二〇〇四年度の決算書を急いで取りまとめてもらうことにした。

でき上がった2期間の決算書を眺めながら、どうしてお金が足りなくなったのか、その経緯を分析し、的確な今後の処方箋を辻山さんに授けなければならない、と田崎さんは考えていた。
田崎さんは経理があまり得意ではなかったが、マーケット開拓を任務とする商社マンとしては、避けて通れない仕事だと思っていた。スペシャリストの力を借りながら、しかし他人任せにできない仕事だと思っていた。

【設問】〈図表4－4〉のテ・シルブプレ社の財務諸表を見て、なぜ資金が足りなくなったのかを推定し、対策案を考えてください。田崎さんの分析を読む前に、財務諸表を眺めて少し考えてください。

図表4-4② テ·シルブプレ社の2期間PL

（単位：百万円）

科目	2004年3月期	2005年3月期
1. 売上高	430	810
2. 売上原価	142	333
〈売上総利益〉	288	477
3. 販売費一般管理費	**175**	**427**
人件費	81	190
交際費	5	29
旅費交通費	10	31
広告宣伝費	16	43
地代家賃	42	81
その他	21	53
〈営業利益〉	113	50
4. 営業外収益	5	10
5. 営業外費用	**9**	**27**
支払利息	5	25
雑損失	4	2
〈経常利益〉	109	33
法人税等	44	13
〈当期純利益〉	65	20
前期繰越利益金	−2	33
〈当期未処分利益金〉	63	53

練習問題⑴解答①：田崎さんの資金状況分析

田崎さんはまずテ・シルブプレ社の概要を頭に入れるために、比例縮尺図でＢＳ、ＰＬの推移をとってみた。それ

図表4-4① テ・シルブプレ社の2期間BS

（単位：百万円）

科　目	2004年3月期	2005年3月期	科目	2004年3月期	2005年3月期
《資産の部》			《負債の部》		
1. 流動資産	**95**	**220**	1. 流動負債	**74**	**524**
現預金	19	5	買掛金未払金	26	234
受取手形売掛金	37	114	短期借入金	40	258
棚卸資産	23	81	その他	8	32
その他	16	20	2. 固定負債	**30**	**185**
			長期借入金	30	185
2. 固定資産	**92**	**562**	《負債合計》	**104**	**709**
2.1 有形固定資産	**71**	**512**			
建物	0	133	《資本の部》		
什器備品	66	155	1. 資本金	20	20
車両運搬具	5	20	2. 剰余金	63	53
土地	0	204	当期未処理利益	63	53
			［うち当期利益］	［65］	［20］
2.2 投資等	21	50	《資本合計》	**83**	**73**
《資産の部》	**187**	**782**	《負債資本合計》	**187**	**782**

図表4-4③ テ・シルブプレ社の経営指標

【経営指標】	2004年3月期	2005年3月期	計　算　式
総資本利益率	35%	3%	＝当期純利益÷総資産（総資本）
総資本回転率（回）	2.3	1.0	＝売上高÷総資産（総資本）
売上高総利益率	67%	59%	＝売上総利益÷売上高
〃　営業利益率	26%	6%	＝営業利益÷売上高
〃　経常利益率	25%	4%	＝経常利益÷売上高
売上債権回転期間（月）	1.0	1.7	＝受取手形売掛金÷一月当り売上高
棚卸資産回転期間（月）	1.9	2.9	＝棚卸資産÷一月当り売上原価
有形固定資産回転期間（月）	6.0	7.6	＝有形固定資産÷一月当り売上売上高
買入債務回転期間（月）	2.2	8.4	＝買掛金未払金÷一月当り売上原価
借入金回転期間（月）	2.0	6.6	＝長短借入金÷一月当り売上高

図表4-5②　テ・シルブプレ社の比例縮尺PL推移

2004年3月期～2005年3月期

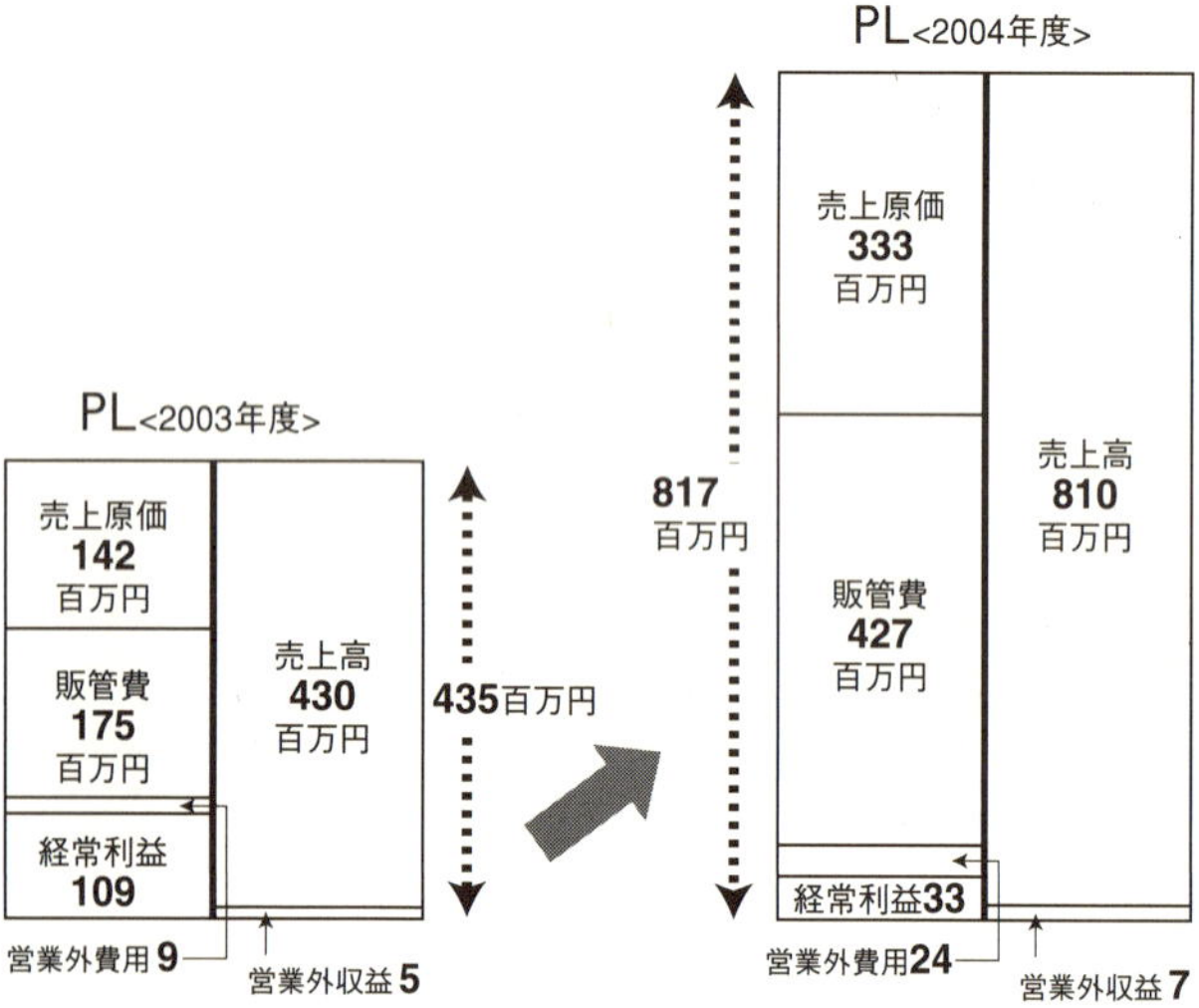

は〈図表4－5〉のようになった。

田崎さんがまず気づいたのは、PLが2倍弱の大きさになっているのに比べて、BSが4倍以上になっていることだった。そこでBSの分析から始めることにした。

BSを眺めていくと、次のようなことが見て取れた。

・受取手形売掛金が大幅に増えている。お店ではクレジット・カードは使えるが、後は現金商売のはずなのだが？

・在庫も大幅に増えている。お菓子の材料や包装資材をストックす

図表4-5①　テ・シルブプレ社の比例縮尺BS推移

2004年3月期〜2005年3月期

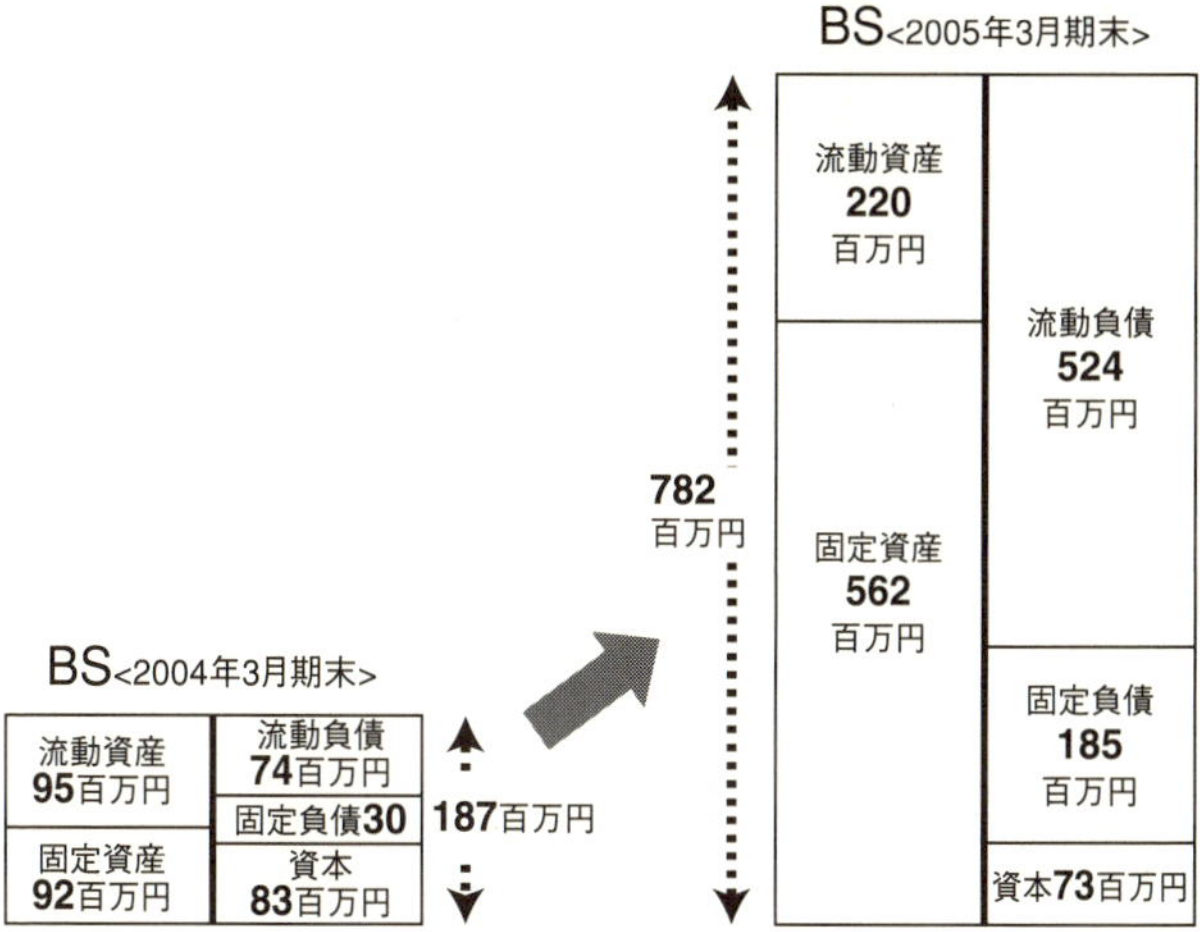

るのはわかるが、普通はあまり多くないはずだが？

・有形固定資産が7倍以上になった？　最初はささやかな店だったが、最近は店も豪華だし、本社も作ったので仕方がないのか？

・「投資等」とはいったい何だろう？　投資なんかする余裕はないはずだが？

・買掛金支払を溜めに溜めたようだ。ウチの会社からも文句を言われるはずだ

・うわーっ、借金がこんなに？　どこから借りたのだろう？　よくも増やしたものだ

ついで田崎さんはPLもざっと眺めてみた。

・PLが倍に膨らんだのは、売上が倍になったからだ。商売は順調ということか？
・しかしそれにしても、原価率が上がっている。どうしたのだろう？
・人が増えている。新店舗のために新人をたくさん雇って訓練しているのはわかるが、こんなに急いで増やして、質の低下でお客さんの評価が下がらないだろうか？
・交際費が6倍に!?　交際なんかするヒマはないはずだが……
・広告宣伝費は新店舗が続いたので、仕方がないか？　でも旅費交通費も大幅に増えているのはなぜだろう？
・借入金が増えたので、支払利息も大幅に増えた。こんなに金利を払ったのでは、利益が3分の1以下になるはずだ。これは大変だぞ！

田崎さんは辻山さんに、BSやPLの中身を問い正してみた。だいたい次のようなことがわかった。

在庫が多いのは、新商品を開発するために、多品種の食材を大量に買ったためだった。しかも人のいい辻山さんは、仲間の菓子職人たちにそれを分けてやっていたのだ。それも掛売りで。彼らは辻山さんほど裕福ではなかったので、現金で支払えず売掛金が溜まっていた。何のことはない、辻山さんが彼らの資金負担をしてやっていたのだ。また彼らの分も含めて大量に買うので、在庫が溢れる結果となっていた。

ただ仲間との広い付き合いは、情報交換の上では役に立っているようなので、彼をあまり責めるわけにはいかない。

店が豪華な造りになり、お金もかかっていることは高級菓子店としては致し方ないことのようだった。しかし本社は余計のはずだ。しかも本社は、辻山さんの自宅兼仕事場になっていたのだ。商品開発の場所でもあるということで、彼はここに相当なお金をかけていた。

「気持ちはわかるけど、高級家具やベンツや投資信託は余計なんじゃない？」と田崎さんはいった。車両運搬具が大きく増えているのは、辻山さんの大型ベンツのせいだった。

ただし「投資等」に入っていた投資信託は、お金を借りた金融会社から見返りとして購入を勧められたものであることがわかった。お店や本社を建てるときには銀行から借金していたが、最近は「お金がない」と経理からいわれて、個人的に紹介された町金融からも少し借りていた。中には16％の金利をせびられているものも含まれていた。

「人件費はどうしてこんなに膨らんだの？　交際費なんかはどうして？」

人件費はお店を急に増やしたせいもあったが、辻山さんの職人たちへの要求がきつく、早く辞めてしまうことも災いしているようだった。ドンドン辞めるので、いつも多めの人を雇っていた。しかし辻山さんの技術は確かだったので、それを学びたいという人を多く容易に募集することができた。

「最近忙しいので寂しくて、銀座に通っているのよ」と辻山さんは頭をかきながら告白した。辻山さんの金遣いが荒くなってきたので、それを見ていた番頭さんたちも経費の使い方が乱暴になっているようだった。夜遅くまで仕事したときは、皆タクシーで自宅に帰っていた。だから交通費も増えたのだ。食事代と称して交際費も使っているようだった。

売上原価率が上がっているのは、新商品開発の名目で、従業員が材料を自由に使っていることも響いているようだった。

田崎さんには、大体の事情がのみ込めた。お客さんは大入りでも、こんなお金の使い方をしていては会社はパンクするはずだ。お金にルーズになれば、経営もルーズになって、いずれそのことは商品にも表れ、お客さんが離れていくに違いない。

田崎さんは自分の取引を守るためにも、ここで辻山さんを潰してしまうわけにはいかなかった。早速辻山さんにいって聞かせ、対策をとることにした。

練習問題⑴解答②：田崎さんのリストラ案

田崎さんはまず資金繰りを改善しなければならないと考えた。そのためには不要に寝ている資金を現金化して回収し、借入金を整理しなければならない。そのために自分の会社からの応援も頼み、次のような対策を打つことにした。

・仲間の菓子職人に対する売掛金は、払ってもらうように先方に交渉をした。ただしそれ以後は田崎さんの会社が彼らに商品提供してあげるという条件を出した。もちろんのんびりした決済条件は出せないが、その分安く提供してあげられるようにしたのだ。これで辻山さんの顔も潰さずに済み、彼も安心したようだった。このおかげで売上債権はクレジット・カード関係のものだけとなり、0・5ヶ月ほどの売上相当分だけとなった。

・在庫も一度整理してもらった。材料は古くなると劣化するし、意外に不要なものも多く買っていることがわかった。仲間に分けるための余分な購入もなくなったので、材料在庫は劇的に減り、以前の原価の4分の1ヶ月分もあれば十分いけることがわかった。
・在庫が減ると、本社ビルには空きスペースが生まれた。事務所も広い必要はなかったので、それらを集約するとワンフロアー分の余裕が生まれた。それを活かして2階にイートインのティー・ルームを造ることを提案した。この案には辻山さんが乗り気になり、一気に進むことになった。田崎さんは「あまり贅沢な造りにし過ぎないでね」と念を押すことも怠らなかった。
・ベンツを売らせるのはかわいそうだったので、リースに切り替えた。リース会社に一度売る形にして、リースバックを受けることにした。BSからは消えることになった。
・投資信託は金融会社からの借金を返済し、同時に売ることができた。多少の損は出たが、貴重なお金が戻ってきた。
・これらの対策で浮いたお金は、2億2000万円ほどになった。これを一部、買掛金の支払に充て、残りを短期借入金の返済に充てた。そのおかげで短期借入金は半分ほどになったので、借り入れ先の銀行と交渉して、長期借入金に切り替えてもらうことにした。その方が、計画的に返済でき、資金繰りであわてずに済むからである。一部の借入金は、田崎さんの会社が肩代わりした。

資金ポジションの改善のメドが立ったので、後はテ・シルブプレ社の経営を健全なものにすることが大切だと田崎さんは思っていた。

辻山さんは職人としては立派だったが、人の使い方はまさに職人気質で、上手とはいえなかった。財務と人事のわかるスタッフが、そろそろ経営陣の中にも必要だった。

幸いにして、辻山さんの叔父さんがあるメーカーで総務部長をしていて、あと3年ほどで定年のはずだった。辻山さんとは気が合い、しかしはっきり物を言うたちの人だったので、彼に来てもらうように頼んだ。

彼は入社するとすぐに、全くといっていいほどルールのない会社に、就業規則から交通費の支給規定に至るまで、次々とルールを作っていった。交際費は原則として個人負担となった。経理も透明にし、従業員に株を持たせることも検討し始めた。職人の世界では、画期的なことのようだった。

辻山さんには、ドンドン新しい商品や店作りに集中してもらう体制を整えることが必要だった。彼が資金繰りに時間を割くことは、ムダ以外の何物でもないことは間違いなかった。

「何だったら、上場を目指したら？　ひらまつだって上場する時代なんだし……」と田崎さんはいった。

辻山さんは「えーっ！」と言ったままだったが、「パティシエの仕事が世界に広がったら面白いよね。パリに店を出したら？」と田崎さんが言うと、パッと顔が輝いた。

田崎さんはすかさず続けた。

「その前に、嫁さんを見つけることが先かもね！」

第5章　ビジネスプランをラフに描く

「儲け方」をデザインする

前の章でリストラを議論しました。リストラをある程度終えたら、次に大切なのは事業を伸ばすことです。従来の事業を立て直しさえすれば、将来も安泰であれば幸せですが、なかなかそうはいきません。やはり新しい事業を育成しなければ、明るい企業の未来は描けないことが多いに違いありません。

企業とは「業を企てる」と書きます。この章では、新しい事業を構想するビジネスプランの立て方について、考えていくことにしましょう。

会計は構想の写像でもある、と第1章で言いました。事業の全体像を描き、経営計画という形で整合性や合理性をチェックするツールが会計というわけです。

過去のストックと儲けの活動を描いたのが、財務諸表です。この形は未来の財務諸表、つまり経営計画でも同じです。

ビジネスプランは最初に「こんな製品やサービスを作って売ろう」と考えます。その製品・サービスを作るためのインフラとなる経営資源を集め、それに投資しなければなりません。それが最初のバランスシート（ＢＳ）になります。ここには儲けるためのインフラ投資のデザインが描かれます。

そして事業活動の中で、それらの資源を使って利益を得るわけです。それが未来のＰＬです。未来のＰＬを描くことは、「儲け方」をデザインしていることになります。

その結果として残ったストックのリストが、１年後の予想ＢＳです。これを連続して数年間作ると、３ヶ年計画や５ヶ年計画になるわけです。

では身近な事例を使って、ビジネスプラン作りに具体的にトライしてみましょう。

暗算で貸しビル投資にチャレンジ

一番簡単なビジネスを想定して、ビジネスプランを考えてみます。ただしビジネスが複雑になっても、ビジネスプランのベーシックな考え方は全く同じです。すべてに応用が利きます。

わかりやすい貸しビル業で考えてみましょう。不動産の価値はバブル崩壊以来、ずっと下がり続けていましたが、ここ最近では東京都心部などで値上がりする土地も出てきました。銀座などの土地は外国ブランド企業が買っていますし、それを当て込んで不動産投資ファンドも優良物件を買いあさっているようです。

ここに１００坪の土地が１坪５０００万円で売りに出ているとします。総額50億円です。

ここに10階建てのビルを建てると10億円かかるとします。貸しスペースの延べ床面積が900坪、1坪5万円で貸せるとした場合、あなたはこのプロジェクトにゴーサインを出しますか？

これを暗算、ないしは簡単なメモ計算でやってほしいのです。貸しビル業の経営者は大雑把に、ビジネスプランを頭の中ではじきます。それと同じ感覚です。

貸しビルオーナーが意思決定する場合、よく使われるのがラフな利回り計算です。貸しビル60億円に対して、月間家賃4500万円、年間5億4000万円になります。不動産会社に管理委託すると家賃の10%を取られますので、ネットでは収入約5億円になります。「5億円÷60億円≒8%強」となります。租税公課や償却、税金などを差し引く前の8%の利回りですが、借り入れの長期金利2%（優遇レートの場合）と比べれば、魅力的な物件ということになりえます。

大まかに判断するときには、この程度のラフさでも十分参考になります。しかし実際にはビルが老朽化していけば価値が落ちます。その価値の下落分も考えなければいけません。また金利を払えば税金も変わってきます。したがってもう少し詳細に考える必要が出てきます。

BS、PLでラフな計画を作成

ここでは会社を作って事業を始めるとして、まず投資インフラをBSで書いてみます。土地が50億円、ビルが10億円ですので、投資総額は60億円です。これが固定資産の総額です。管理を自ら行なうことにすれば、ビルのメンテナンスのために管理人を雇い、共益部分の経費を払っていく必要があります。そのための運転資金も必要です。とりあえず家賃2ヶ月分の現預金を持つとして、これが約1億円です。

このトータル61億円の資金をどう手当てするかが問題です。

自己資金が10億円あるとすれば、これが資本になります。テナントが負担する保証金が家賃6ヶ月分受け取れるとすれば、家賃が毎月4500万円ですから6ヶ月分で預り保証金2億7000万円になります。面倒なので、3億円とします。

後の不足資金は、借入金でまかなう必要があります。「総資産61億円－（預り保証金＋資本）13億円＝48億円」を借りてこなくてはなりません。

したがって事業スタート時点のBSは、比例縮尺で表すと〈図表5－1〉のようになります。現実にはビルの建設に時間がかかるので、事業スタートまでに借入金の金利も、創業のための経費も多々発生します。しかしここではラフな計画作成が目的ですので、小さいもの

図表5-1　貸しビル事業のバランスシート
（スタート時点）

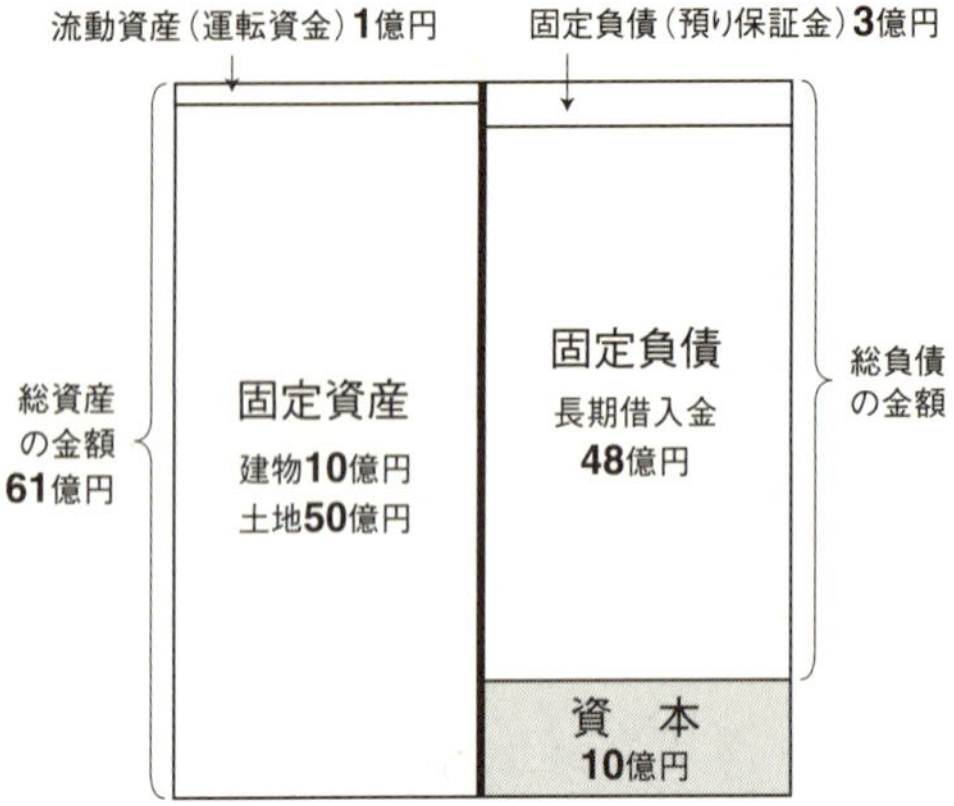

として無視します。

PLでコストを把握する

次に事業スタート1年目の儲けについて、考えます。

年間の家賃収入は、5億4000万円でした。必要経費には、次のようなものがあります。

○人件費——給料手当やアルバイト雑給の他に、人を雇うと福利費などの付帯費用がかかります

○経費（維持管理費）——清掃費、修繕費、水道光熱費、通信費、交通費、その他もろもろの経費

○減価償却費――建物がボロになっていくので、その価値の減少見合い分を毎年の費用として見ます（後で説明します）
○租税公課――土地や建物には固定資産税その他の税金がかかります。これもコストです
○金利――48億円の２％として年間９６００万円です。ＰＬ上では営業外費用で表示します

脱サラして個人事業をしている人は、事業をするとどんな経費がかかるか、わかるはずです。しかしサラリーマンをしている人は、ピンと来ないかもしれません。そんなときはあせらなくていいです。自分の会社では、どんな経費がどれだけかかっているかについて考えるクセをつければ、いずれわかるようになります。そうでなくとも、業界のハウツー本を買えばすぐわかることですし……。

正社員を雇うと、会社負担の保険料や年金費用などがかかってきます。退職金も勤続年数に応じて増えていくので、毎年その増えた分を費用に加えます。見積もり費用の性格があるので、貸倒引当金と同じように、「退職給付引当金繰入額」という用語を使います。

面倒なときは、直接払う給与や賞与の合計額に20～30％程度上乗せすれば、およその人件

費総額が出ます。社長の給与とパートの給与では、相当開きがあるはずですので、どのくらいの人件費を覚悟するかは、プランによりけりです。

貸しビルの場合、貸しスペースにかかる水道光熱費はテナントの負担ですので、会社が負担するのは共用部分だけです。

ここでは社員1人、アルバイトを数人雇うことで人件費2000万円としておきます。経費合計で1億円、租税公課で3000万円と見積もられたとして、ここまでの合計で1億5000万円となります。

ここで減価償却費について、説明します。

建物は時の経過とともにボロになっていきます。価値が下がっていくわけですが、一気に下がるわけではありません。少しずつ下がっていくわけです。しかし毎年いくら価値が下がったのかは、よくわかりません。とはいえ、通常の場合50~60年経ったビルの躯体は無価値です。つまり50~60年で少しずつ減価していくことになります。

そこでビルの建設コストを50~60年（耐用年数といいます）に分割して、規則正しく費用として落としていきます。これが減価償却費です。

土地は使っても減価しないと考えられているので、償却しません。土地は値下がりするこ

図表5-2　定率法の償却率
（国税庁ホームページ「償却率表」より一部抜粋）

耐用年数	2	3	4	5	6	8	10	15	20	30	40	50
定率法の償却率	0.684	0.536	0.438	0.369	0.319	0.250	0.206	0.142	0.109	0.074	0.056	0.045

とがあります。でも取引価格の下落は、通常は考慮しません。

定率法と定額法の減価償却

減価償却の耐用年数は、実は税法で決められています。耐用年数を個々人の判断に任せると、減価償却が人によってバラバラで、平等の税金が取れません。したがって税金の計算上、強権発動で一律に決めているわけです。例外はありますが、ほとんどの企業はそれに従っています。

例えば鉄筋コンクリート造りのビルは50年です（ただし用途によって、例えば貸しマンションだと47年とか、ホテル用だと39年とか、細かく決められています）。建物だけではありません。照明器具や空調機器、事務机などですと15年が多いです。車は6年、パソコンは４年……などです。

貸しビルの場合、空調設備などは軀体に組み込まれているわけで、普通はそれぞれ償却しますが、ここでは初期投資額をトータルで考えて、全体として40年で減価するとして見ましょう（総合償却といいます）。

土地は償却しないので、10億円のビル建設費を40年で割ると、毎年2500万円になります。つまりそれだけ減価償却費を計上します。それにともなって、BS上のビルの価値を毎年2500万円ずつ引き下げていくわけです。

これを「定額法による償却」といいます。

実は税法が規定しているルールとして、残存価額というのがあります。それは償却し終わったときに10％の価値がまだ残っていると想定していることです（実際には車などを除いて、多くの場合そんなことは考えられませんが）。この価値を残存価額というのですが、これも一律規定なので逆らえません。したがって実務では次の計算のように投資額の90％を40年で割ります。

（取得価額10億円－残存価額10％・1億円）÷40年＝2250万円（減価償却費）

もう一つの償却方法として、価値の減少が一定率で落ちると考える方法もあります。これを定率法といいます。

ビルやマンションの価値は毎年何%かずつ、下がっていきます。これと同じです。定率法はしたがって投資額に毎年、一定率を掛けて償却費を計算します。このときも40年後に10%の残存価額が残るように、償却率が決められています。例えば〈図表5－2〉のようにです。

定率法で40年償却した場合は、下記のようになります。

取得価額10億円×0・056＝5600万円

取得価額に毎年0・056を掛けて償却していくと、40年後には10%の1億円が残る計算になります。閑《ひま》なときにでも、電卓で計算してみてください。

定率法と定額法を比べると、最初の頃は、定率法の減価償却費が定額法の倍以上になります。初期に節税したい人は、費用の多い定率法のほうが得です。

資産ごとの耐用年数や償却率は、国税庁のホームページ（www.nta.go.jp）の中に掲載されています。詳しく知りたい人はそれを見てください。

現実の財務諸表をビジネス・プランに利用する

こう考えてくれば、貸しビルプロジェクトのPLができますね。法人税はおおよそ利益の

40％程度と考えておけばいいので、〈図表5－3〉のようなＰＬができます。その結果、ＢＳも見積もることができます。減価償却（定率法による）の分だけ、ビルの帳簿上の価値が下がっているのがわかりますか？　また借入金を1億円返済した、と仮定しています。

未払い金等は適当な数字です。細かくいえば、流動資産にも未収金とか仮払金とか、いろいろ出てくると思います。このあたりは取引の仕方や経費の支払い方にもよるので、実際にはそれに応じて詳細に詰めることになるでしょう。

さらに、ここには社長の報酬や本社経費などが入っていません。その辺はプラン次第で入れればいいだけのことです。

1年目のＢＳ、ＰＬができたら、その先の計画を書くこと自体は簡単です。収益や費用の変動要因を考えて、数値を変えていけばいいわけですから。例えば年数が経てば、修繕費は当然大きくなっていきます。人件費も上がるかもしれ

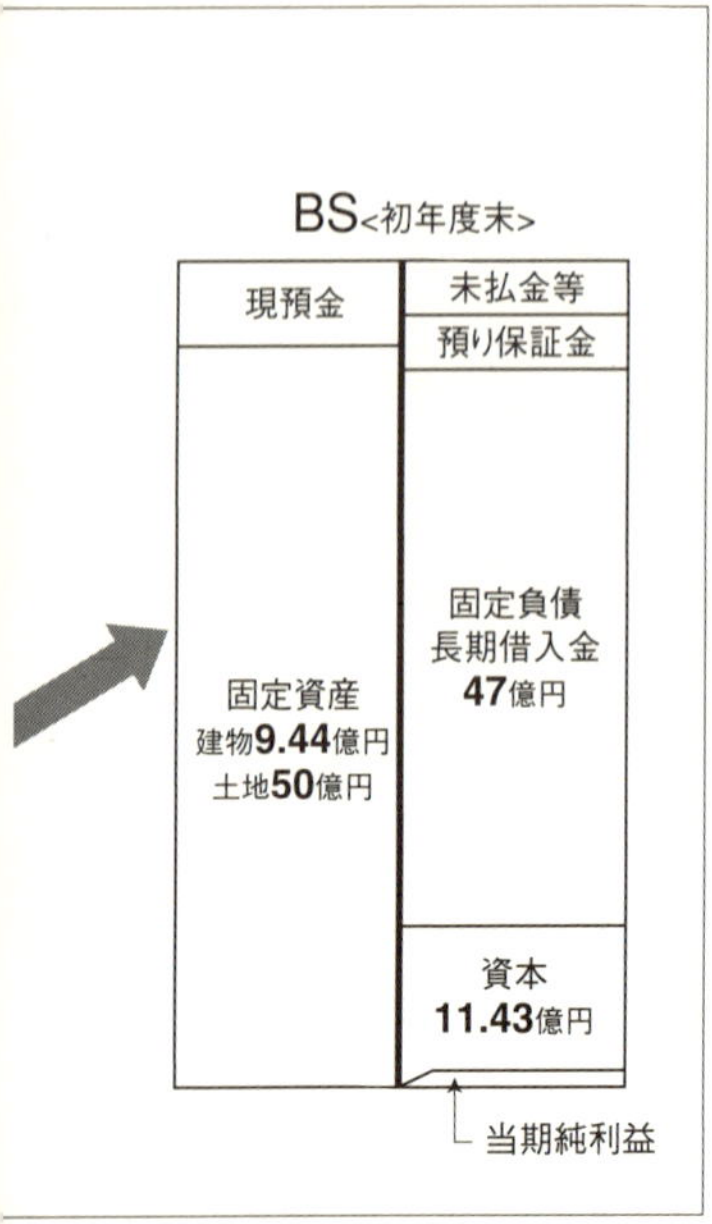

図表5-3　貸しビル事業の1年目のPLとBS
2002年12月末～2003年12月末

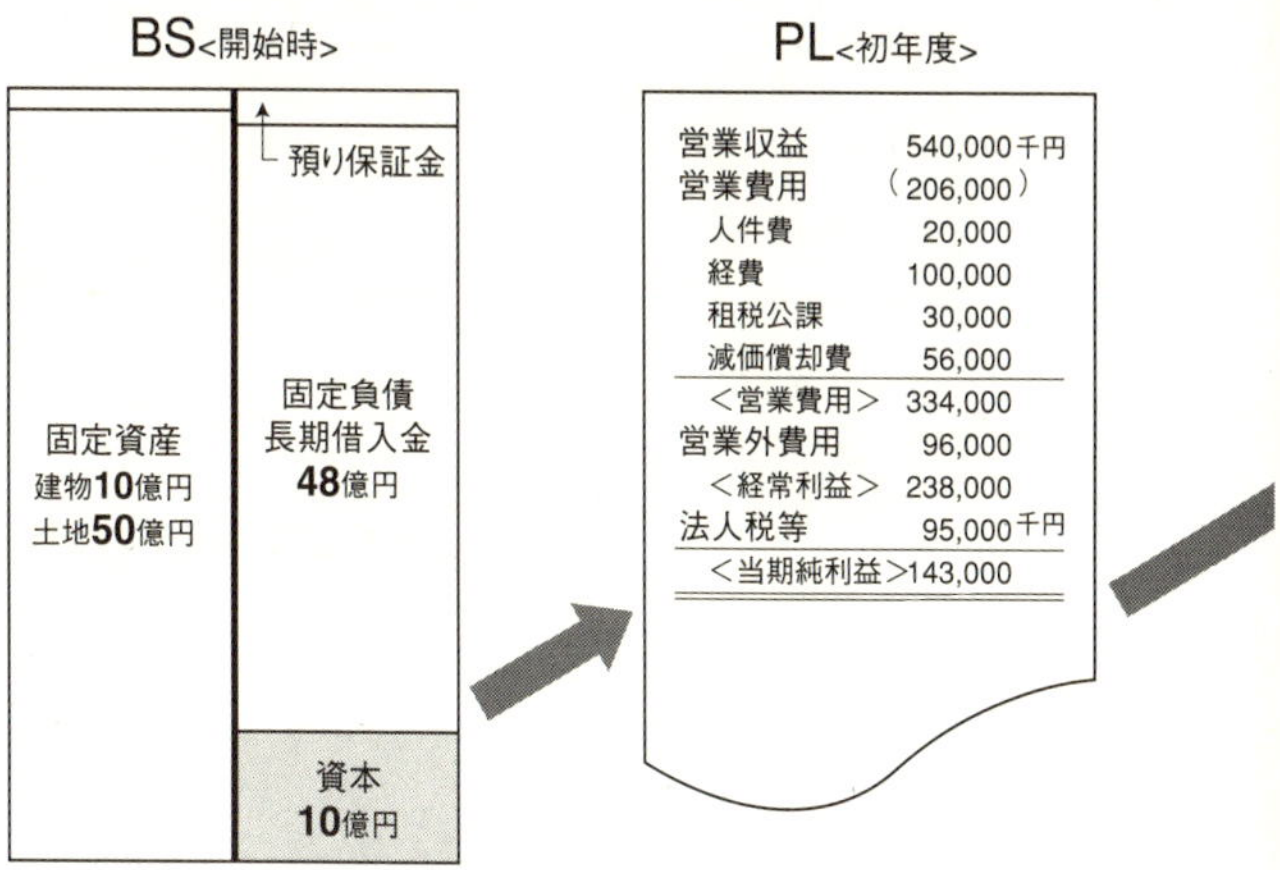

- 預り保証金

- 固定負債 長期借入金 **48億円**

- 固定資産 建物10億円 土地50億円

- 資本 **10億円**

営業収益	540,000千円
営業費用	（206,000）
人件費	20,000
経費	100,000
租税公課	30,000
減価償却費	56,000
＜営業費用＞	334,000
営業外費用	96,000
＜経常利益＞	238,000
法人税等	95,000千円
＜当期純利益＞	143,000

ません。家賃を値上げできれば、収入が増えます。

　ただしその通りになるかどうかは別問題です。予期しない事態が起こるのも、ビジネスなのですから。

　ちなみに本物の貸しビル業の財務諸表を見てみましょう。〈図表5－4〉は〈図表2－2〉の利益率ランキングにも出てきたダイビルのBS、PLです。

　ダイビルは現在、商船三井の子会社です。一九二三年創業の伝統企業なので、歴史の浅い企業とは財務諸表の構成が違います。でも

PL<2004年3月期>

費用合計	営業収益**203**億円
当期純利益**38**億円	営業外収益 **3**

＜費用の内訳＞（単位：億円）

営業原価	
人件費	5
水道光熱費	10
修繕費	9
清掃費	7
その他経費	25
租税公課	17
減価償却費	36
＜営業原価計＞	109

販管費	
役員報酬	3
人件費	5
その他	4
＜販管費計＞	12

営業外費用	
利息支払	12
その他	3
＜営業外費用計＞	15

詳しく調べていくと、貸しビル業の実態がよくわかります。

例えば、どんな投資や費用をかけているか、知ることができます。ホームページ（www.daibiru.co.jp）に掲載されている有価証券報告書には、最近投資した新築ビルの概要が載っています。これを見れば、どのくらいの建設費をかけたか、などがおよそつかめます。

つまりビジネスプラン作りの参考資料として、会計情報を使うことができるのです。

レストラン・ビジネスのPL

まえがきで流行のレストランに行ったら、ボーッと食事していないで、その事業モデル

図表5-4　ダイビルのBSとPL

2004年3月期単独

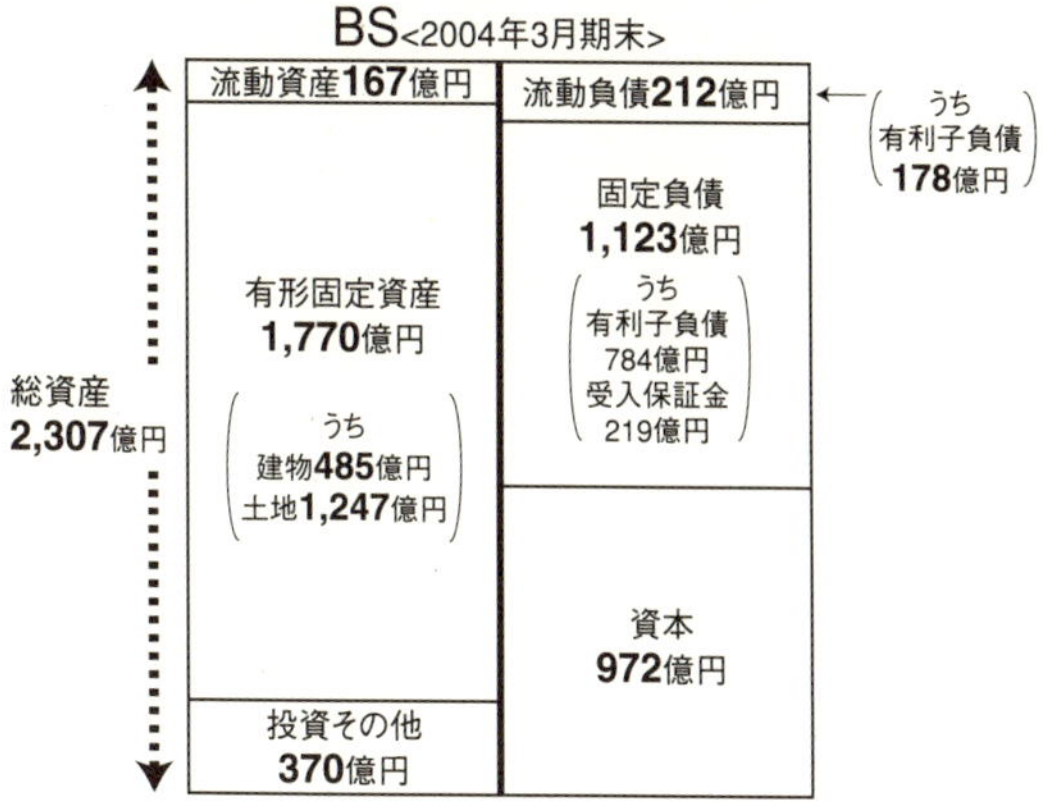

をイメージしなさいという話をしました。そのレストラン・ビジネスを今度は考えてみましょう。

貸しビル業でやった手法と全く同じなので、ここではフレンチ・レストランの現実の経営資料から基礎的データを抽出することに重きを置いて、取り組んでみます。

フレンチ・レストランをチェーン化して株式上場に成功した企業に「ひらまつ」があります。ひらまつのホームページ（www.hiramatsu.co.jp）にある有価証券報告書（二〇〇四年九月期。以下「有報」といいます）の中には、貴重なデータがたくさんあります。ただし企業秘密もありますので、詳しいデータはあまり期待できません。しかし大まかな平均値や傾向値はわかることが多いのです。

ひらまつの有報には、各レストランの投資額が載っています（有報14ページ）。そのリストに載っているのは、減価償却後の帳簿価額ですが、新設のレストランならばおよその投資額がわかります。

例えば新設のイタリア料理店「代官山ＡＳＯチェレステ二子玉川店」は、面積約５００㎡で約１億５０００万円、内装や什器にかけています。１坪１００万円弱、ということになります。

新設予定の投資額も載っています（15ページ）。「ＡＳＯ日本橋店」には１億４０００万円強、「アルジェントＡＳＯ」には5億７０００万円ほどかける予定と書かれてあります。どのくらいの仕様で、どのくらいの広さになるかは完成してみないとわかりませんが、一度食べに行けばグレードもわかるはずです。

ひらまつのＰＬ（単独ＰＬの営業利益まで表示。ただし単独と連結はあまり変わらない）は〈図表５－５〉のようになっています。

図表5-5　ひらまつのPL

（2004年9月期単独。単位：百万円。太字は合計）

項　　目	金　額	%
売上高	5,320	100.0
売上原価	**2,266**	42.6
材料費	1,603	30.1
労務費	500	9.4
経費	163	3.1
＜売上総利益＞	3,054	57.4
販売費・一般管理費	**2,524**	47.4
役員報酬	149	2.8
従業員給与手当	786	14.8
地代家賃	539	10.1
減価償却費	131	2.5
広告宣伝費	117	2.2
その他	802	15.1
＜営業利益＞	530	10.0

レストランの収益とコスト構造

売上の中身について詳細に書かれているわけではありませんが、これもおおよそ公表されています。〈図表5－6〉は、有報7ページに載っている収入実績と収容実績の内訳表です。

　お客さんの数は、「ひらまつ」ブランドで年間約15万人、「アソ（ASO）」ブランドで約21万人、その他約5万人とあります。この人数は婚礼やパーティーの人数は除かれています。婚礼による売上の比率は売上高の約54％と書かれているので、各ブランドとも同じパーセンテージだとすると収入は次のようになります（ここは少し仮定が入りますが、公開されていないのでアバウトに、ということでいきましょう）。

「ひらまつ」ブランド売上のうち婚礼などを除く売上＝約9億5000万円（客単価約6300円）

「アソ」ブランド売上のうち婚礼などを除く売上＝約8億2000万円（客単価約3900円）

これでだいたいの客単価がわかりました。

次に、コストを見ていきましょう。

レストランは食材が売れ残ったり、腐ったりしますし、高級食材を使う店ほど材料費が余計にかかります。ひらまつでは売上の30％の金額が材料費にかかっています。

人件費は厨房とホール係に何人ずつ必要か、ケースバイケースだと思います。したがってここではどのくらいの人件費を払っているか、見てみましょう。これは有報に載っています

図表5-6　ひらまつのブランド別実績

(1)ブランド別収入実績

ブランド	2004年9月期売上(百万円)	前年同期比(%)
「ひらまつ」ブランド	2,061	84.5
「アソ」ブランド	1,774	131.8
その他ブランド	1,607	111.2
＜合計＞	5,442	104.1

注)この表の収入は子会社を含む連結ベース
　収入合計のうち婚礼営業の構成比は53.9%

(1)ブランド別収容実績

ブランド	2004年9月期客数(千人)	前年同期比(%)
「ひらまつ」ブランド	148	77.1
「アソ」ブランド	211	131.7
その他ブランド	49	24.0
＜合計＞	408	73.4

注)ここには婚礼営業とパーティーの実績人数は含まない

（5ページ。単独の数字）。

従業員数318人（他に臨時雇用者が年間平均23人）
平均年齢27・6歳
平均勤続年数2・0年
平均年間給与452万6212円

この数字は全従業員の平均値ですが、27〜28歳で450万円の平均給与というのは、やや高い金額でしょうか。でも勤続年数が2年しかないというのは驚きですね。最近、新人を大量採用しているという事情もあるでしょうが、この世界は独立志向の強い、人が店から店へと渡り歩く業界だからなのでしょう。

PLで売上原価に入っている労務費が料理人などの人件費と考えられます。また販管費にある従業員給与手当は、ホール係だけでなく本社部門の人件費も入っています。販管費の中の一般管理費（ほとんどが本社部門）の割合は、12％と注記に書かれています。したがって販売費は88％なので、この数字を人件費に掛けると、ホール係の人件費は6億9000万円となります。

厨房の人件費と比べると40％くらい多いので、ホール係と料理人の人数比もおおよそこのくらい多いと考えていいのではないでしょうか。ただし実際には料理のグレードによって、料理人の１人当たり給与が高いということがあります。

このようにして、他社のデータを拾っていったり、公表されているデータを利用すれば、ビジネスプランに必要な要素はほとんど集まります。実際に皆さんがビジネスを始めるときは、もっと正確に調べる方法がいくらでもあります。

設計事務所や工務店に行って店舗投資額を見積もってもらったり、就職情報誌の募集広告を見て給与水準を調べたり、経験者や専門家にサポートしてもらったりと、いろいろな手段があるわけです。

それではここで、２つ練習問題を出します。

１番目（練習問題⑵）は簡単な問題です。マーケティングを担当している人なら、よく出会う場面です。でもこれも会計を使ったビジネスプランなのです。こんなことができれば、あなたは立派に会計に取り組んできたことになります。

次の練習問題(3)は研究開発に携わってきた人が、ベンチャーを起業する設定です。皆さんがこのくらいのビジネスプランを、つまり予想ＢＳ、ＰＬを描けたら、計画作りは合格です。日本はベンチャーを大量に輩出しようとしています。オールド・エコノミーも大切なのですが、ハイテク分野で新産業を生み出していかないと、将来経済大国として存続できなくなります。21世紀初頭に期待の集まる産業の一つがバイオですが、その技術を産業につなげるのがベンチャーです。したがって大学でも研究室で生まれた技術シーズをもとに、ベンチャーとして起業させたいと必死です。

こんなときも結局カギとなるのは、切れる戦略に基づくビジネスプランです。研究開発者もただ研究していれば良いというのでなく、事業化を前提としてビジネスプランを描く能力が問われる時代なのです。

練習問題(2)：マーケッターのイベント企画

秋山さんはタイヤ・メーカーのマーケティング部に所属していた。今年三月に鈴鹿で開催される自動車レース「フォーミュラ・ニッポン」の前週の土日に、江東区台場の広場を使ってイベントを企画していた。

社内からはいろいろなアイデアが寄せられた。イベント会社を使って、彼らに丸投げする手もあったが、すべて自分たちでやりたいと考えていた。その中で次の2案に絞りたいと、秋山さんは考えていた。

インパクトが強いのは第2案のほうと思われた。しかし第2案の場合、雨にたたられるとすべてオジャンになることが気がかりだった。部長からは「予算厳しい折だから、なるべく1000万円以内で抑えるようにしろよ」といわれていた。

〈第1の案〉

新製品発表と同時に、テレビCMに登場する女性タレント（出演料100万円。日曜のみ）を呼び、CMソングを歌わせるイベント。

某自動車会社が前年のモーターショウで発表したコンセプト・カー（秋山さんの会社も開発協力していた）を、無償で貸してくれることになっていた（ただし輸送費や保険料、計30万円が必要）。それを広場に展示し、参加者に新製品の記念グッズを無料配布する予定だった（グッズ制作費50万円）。

同時に自社の商品（ゴルフ用品やスポーツ・ウェアなど）を市価の半額というサービス価

格で販売するブースを出店し、飲食コーナーを設けることで、わずかだが売上収入も期待することができた。商品は会社の在庫品なので、実際の販売金額の半分を営業にバックすればいいことになっていた。

天気が晴れの場合、集客数は1万人を見込める。1万人のうち5％の人が、客単価3000円程度を落としてくれると予想した。ただしイベント告知のための宣伝費が100万円ほどかかるだろう。

手伝ってくれる社員には交通費や食事代程度の出費で済むはずだが（計30万円）、その他にアルバイトを30人ほど手配する必要があった。1日のアルバイト料は2万円で、2日間とも雇う必要があった。テントなど会場設営に500万円、商品の搬入などその他もろもろで200万円程度かかる。他に会場の使用料が2日間で60万円、諸雑費が100万円かかる。

この案の場合テントを設営するので、雨が降ってもイベントを開催できるメリットがあった。ただし雨なら集客数は3分の1になると見込まれた。

〈第2の案〉

フォーミュラ・ニッポンの人気レーサー3人を呼び、即席のミニ・サーキット場を造ってレーシング・カートの模擬レースを開催する案。

レーサーの出演料は１人１日50万円かかる。

ミニ・サーキットの設営は搬入搬出なども含めてカート・ショップに外注し、カートのレンタル代や消耗品代なども含めて３００万円でやってくれることになった。

カート・ショップの人が一部仕事をこなしてくれるので、アルバイトの人数は20人程度で済むはずだ。社員の経費や告知の宣伝費は、第１案と同じである。

ただしこの案では比較的広いスペースを使うので、模擬店などの出店はできない。プロレーサーによる模擬レースが終わった後に、一般参加者によるカート体験とサイン会を行なう予定だ。さらにレーサーたちから無償提供してもらった使用済みのヘルメットなどと、自社のレース用品などをオークションにかけ（オークションの収入は全部で１００万円程度）、その半分を慈善団体に寄付し、半分を収入に計上できるはずだ。その他の会場費や諸雑費は、第１案と同じである。

ただし雨が降ると、レースはできないのでイベント中止とならざるを得ない。その場合、レーサーには20万円の補償を、前日には準備を終えているはずのカート・ショップには、計１００万円の補償金を出す約束をしていた。アルバイト料や会場費は、雨なら負担する必要がない。しかし諸雑費については、晴れの場合の半分程度はかかると見積もられた。

気象予報の会社によれば、開催予定日の過去10年間の平均降雨確率は、10％とのことだった。

練習問題⑵解答：マーケッターの決断

2つの案は、天気が晴れの場合と雨が降った場合では見積りが変わってきます。したがってそれぞれ2つのPL案を作らなければなりません。

4つのプランは〈図表5－7〉のようになります。

ここにはPLしか掲げませんが、この場合ももちろんBSがあります。スタート時のBSは元手（資本）としてもらった現金資産だけのBSです。そして終わった後のBSは残った現金だけが資産に残り、赤字の分だけ資本が減っている形になります。

想定される条件は1日だけ雨ということもありますし、曇りでお客さんが減るという事態もあるので、イベント企画の代替案は実際にはもっと数がありそうです。

想定できる限りの条件ごとにフレキシブルな計画を立てておくことを、コンティンジェン

図表5-7　イベント代替案の比較

（単位：千円）

項目	＜第一案＞	両日晴れ	両日雨
	内　容	金　額	金　額
売上	単価3000円×500人	1,500	500
費用	商品売上原価（営業へバック）	750	250
	タレント出演料	1,000	1,000
	ショーカー展示費用	300	300
	グッズ制作費	500	500
	社員交通費食事代	300	300
	アルバイト料（30人2日）	1,200	1,200
	宣伝費	1,000	1,000
	会場設営費	5,000	5,000
	搬入搬出費用	2,000	2,000
	会場使用料	600	600
	諸雑費	1,000	1,000
	＜費用合計＞	13,650	13,150
	＜損　　益＞	−12,150	−12,650

項目	＜第二案＞	両日晴れ	両日雨
	内　容	金　額	金　額
売上	オークション収入	1,000	0
費用	慈善団体寄付	500	0
	レーサー出演料	3,000	600
	社員交通費食事代	300	0
	アルバイト料（20人2日）	800	0
	宣伝費	1,000	1,000
	カートショップ支払	3,000	1,000
	会場使用料	600	0
	諸雑費	1,000	500
	＜費用合計＞	10,200	3,100
	＜損　　益＞	−9,200	−3,100

シー・プランニングといいます。状況対応の変動計画というわけです。

こんな代替案を並べて予算をにらみ合わせた上で、あなただったら、どんな意思決定をしますか?

1000万円以内で納まるのは、インパクトの強い第2案のほうです。でもこの案では雨が降れば、イベントの効果が全くなかったことになります。雨の確率は10%です。

あなたはあえて晴れに賭けますか? それともやや高くついて部長の意向に沿わないものの、手堅い第1案にしますか?

計画をはじき出すのは用意周到にやりますが、結局最後はあなたの意思決定にかかっています。ビジネス場面の人間臭い現実です。

練習問題(3):ベンチャーの起業計画

【バイオテク㈱の起業】

京都大学で分子生物学の博士号を取り、慶應義塾大学ビジネススクールでMBAを取った鵜飼さんは、いよいよ長年温めてきたベンチャー設立の構想を実行することにした。京大時代の研究者仲間と進めていた、特定の遺伝子をターゲットにした新薬開発プロジェクトが最終段階にあり、あと半年ほどで厚生労働省から発売承認が取れる予定であった。二〇〇五年一月、鵜飼さんはビジネスプランをまとめる必要に迫られていた。

鵜飼さんは資金を提供してくれそうなエンジェルやベンチャー・キャピタルに、既にアプローチしていた。これらの人たちを説得するために、キチンとしたビジネスプランを作成しなければならなかった。

鵜飼さんは創業日（四月一日）後、1年間の事業計画（二〇〇五年四月〜二〇〇六年三月）を特にじっくりと練った。ここがリアルに描ければ、事業の方向性が固まるはずだ。後はそれを延長して5ヶ年計画にまとめればいいのだ。

鵜飼さんは創業後1年までの事業内容について、次のような予測を立てた。

【資金の動き　創業前】

（1）鵜飼さんら創業者4人が、資本金4000万円（1株5万円、発行済み株式数800株）の新会社・バイオテク㈱を設立する。

（2）5人のエンジェルが総額2億円の増資に応じる（1株25万円、800株）

（3）創業者が申請した特許権をバイオテク㈱が4000万円で買い取る（特許権はしばら

く償却しない方針である）。

（4）開発に使われている実験機器やコンピュータなどの什器備品類は、やはり会社設立と同時にバイオテク㈱が買い取り引き継ぐ。その総額は8000万円であり、これらは創業後6年で定額法（残存価額10％）によって償却するつもりである。

【資金の動き　創業後1年間】

（1）新薬の発売承認は二〇〇五年九月末までに取れる予定である。ただし研究開発費は二〇〇五年度にさらに5000万円かかる見込みである。

（2）一〇月の製品発売開始と同時に、ベンチャー・キャピタルから10億円の出資（1株100万円、1000株）を受け入れる。

（3）初年度内の売上予想は10億円（10000個、販売単価10万円）であった。

（4）これらの製品の製造は外部に委託する。委託先から購入する仕入単価は3万円と見積もられた（現金取引の予定）。

（5）販売費および一般管理費は年間で5億9500万円と見積もられた（仕入も販管費もすべて現金取引になる）。

（６）法人税等は合わせて、税引前利益の40％（百万円未満四捨五入）であった。税金は決算後２ヶ月後に支払われるので、未払い計上が必要になる。

練習問題⑶解答：予想ＢＳとＰＬ

模範解答は〈図表５－８〉のようになります。

実際にはバイオ・ベンチャーはこんなに早く儲かりません。また実際の新薬開発は巨額の研究開発費がかかります。その点は、練習問題ということで勘弁してください。しかし計画立案自体は大雑把には、こんなものです。

ベンチャーで大切なのは、まず利益計画です。将来の夢で投資家を引っ張っていくのが、ベンチャーですから、いつ頃売上が上がって、いつ頃利益が出るのかが説得の鍵になります。もう一つ大切なのは資金管理です。

問題の事例では、すべて現金取引になっています。現実には取引が納入後数ヶ月後になったりします。でもベンチャーはそんな回収条件ではやっていけなくなることが多いのです。したがってベンチャーなら特に、早い代金回収を心がけるべきです。

またベンチャーの場合、支払先も現金でないとなかなか取引してくれません。したがって

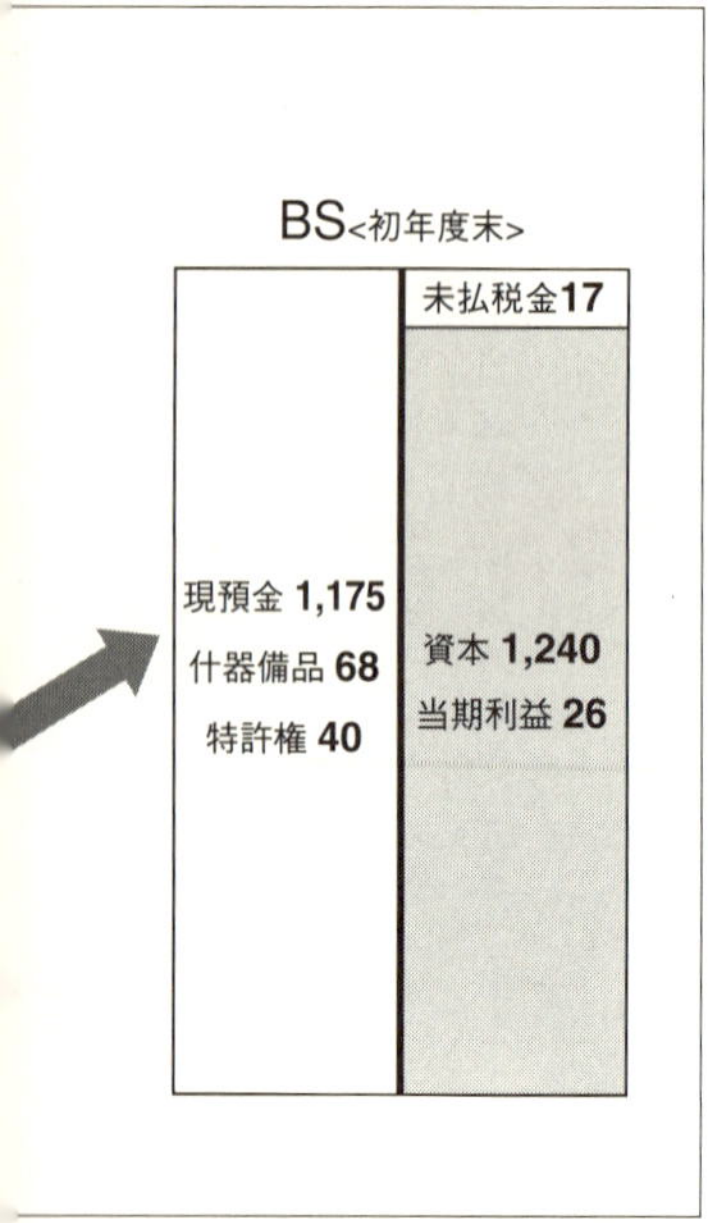

すべて現金取引と考えておいたほうが、かえって現実的なのです。その意味では、問題事例のような想定レベルでBS、PLが描ければ、十分実践的です。

それにもしこれ以上の詳細なプランが必要な場合でも、基本的な骨組みさえ押さえておけば大丈夫です。後は他人のサポートを受けることができます。基本さえ押さえておけば、例えば税理士さんを雇って、細かくやってもらえばいいのです。

あなたは経理マンではなく、経営リーダーなのですから。

図表5-8　バイオテク（株）の1年目のBSとPL

（単位：百万円）

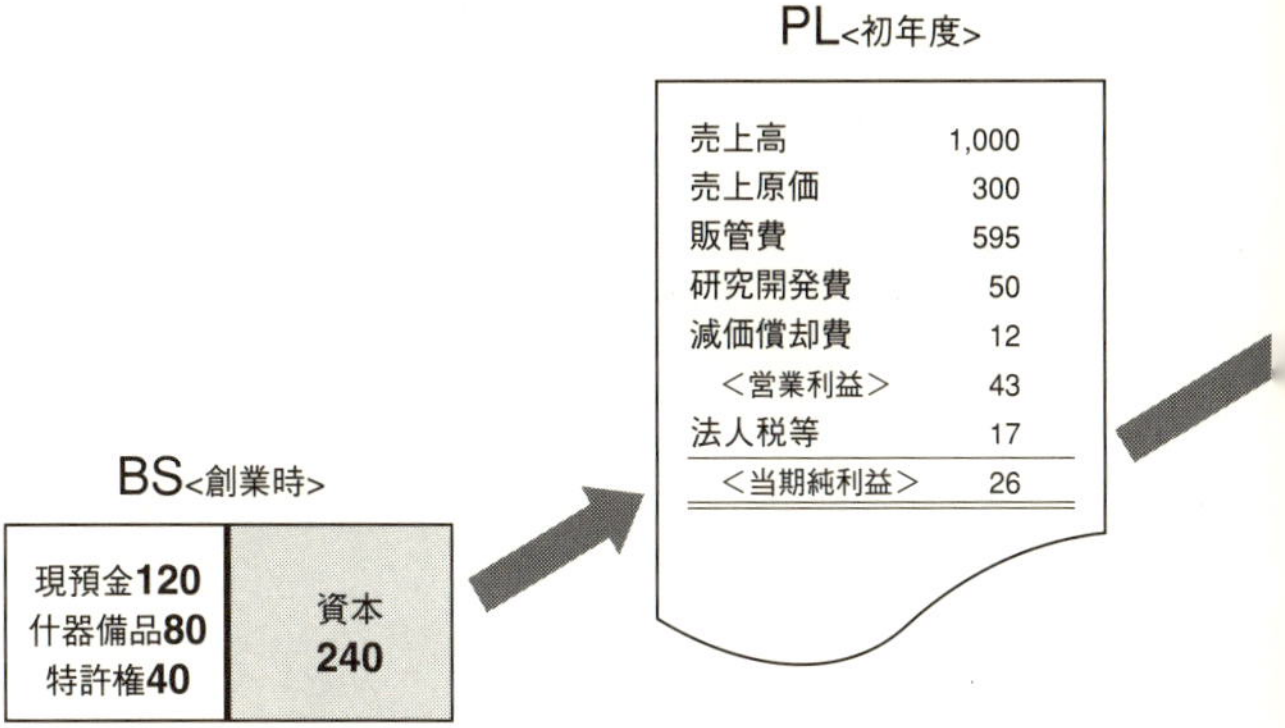

売上高	1,000
売上原価	300
販管費	595
研究開発費	50
減価償却費	12
<営業利益>	43
法人税等	17
<当期純利益>	26

現預金 120 什器備品 80 特許権 40	資本 **240**

あとがき

ここまでほぼ理解できた人も、まだモヤモヤしている人も、最後まで読み通してくれた皆さん、お疲れ様でした。

「やさしく、わかりやすく会計の本を書く」というのは、一番難しい仕事です。会計はテクニカル・タームが多いだけに、説明を省くとわからなくなる一方で、説明し始めるとどくどくなるからです。

でも、会計のテクニカル・タームが難しく見えるのはほとんどの場合、経営というものが奥深く幅広いからです。

例えば、退職給付引当金は、知らない人にとっては、要するに「将来支払わなければならない従業員からの借り」くらいの理解で済むわけです。しかし本当に理解するためには、退職金のシステムを深く知らなければなりません。しかしそれは人事の仕事を経験しなければ、理解できないものです。

また例えば、転換社債という文字を見て、「要するに利子の付く借金」くらいの理解があれば、通常はこと足ります。しかし、そもそも社債券を見たことがない人にとっては、ピンと来ないに違いありません。それが完璧に理解できるのは、財務部で資金調達の仕事でもしない限り無理です。

同様に工場で働いたことがない人には、製品の原価がどんな費目で構成されるか、やはりわかりません。営業で売掛回収の苦労を味わったことがなければ、本当の意味で貸倒引当金の意味がわからないのも同じです。

つまりかように経営の奥は深いのです。財務諸表が読めないのは、実は会計がわからないのではなく、ビジネスの未知の部分が多いということなのです。

したがって逆にいえば、会計が今わからなくても大丈夫です。いずれ皆さんがビジネス体験を広げて、わかるようになるからです。会社でいろいろな仕事を経験したり、その過程で必要な書物を読んだりして、知識はドンドン増えます。そうすれば会計が見えてきます。

そのためにも今、ボヤーッとわかることが大事です。この本でモヤモヤとしているとしても、おぼろげに理解できた人はあせる必要はありません。ピントが徐々に合ってくるように、いずれ見えてきます。そのとき経営の全体像が姿を現すのだと思います。

会計は経営の全体の写像です。経営全体がわかり始めたときが、会計リテラシーのレベルアップを果たした瞬間となるはずです。

だからそのためにも、いつも大局的に物事を考えることだけは忘れないでください。ビジネスのリーダーに必要なのは大局観です。そしてそれを支えてくれるのが、会計です。どうか、そのことだけはお忘れなく！

この本の企画は、光文社新書・古谷編集長からの突然の電話で始まりました。「会計の本はわかりにくい。現実が見える初学者のための会計の本を」という編集長のリクエストは、私も長い間温め続けているものです。『ビジネス・アカウンティング――MBAの会計管理』（二〇〇一年、中央経済社）という本で、そのファースト・トライアルをしましたが、「もっとわかりやすく」を新書で取り組みたいと思っていました。満足の域にはまだまだですが、古谷編集長の熱意に背中を押されて、ここに上梓することにしました。本当に感謝の念に堪えません。

また著者誰しもが同じでしょうが、家族の存在が楽しくも苦しい執筆という仕事を支えてくれました。記して感謝する次第です。

二〇〇五年二月

山根 節

山根節（やまねたかし）
1973年早稲田大学政治経済学部政治学科卒業。'74年公認会計士第二次試験合格、監査法人サンワ事務所（現トーマツ）入社。'77年公認会計士資格取得。'82年慶應義塾大学大学院経営管理研究科修士課程修了後、コンサルティング会社を設立、代表となる。'94年慶應義塾大学大学院経営管理研究科助教授。'97年慶應義塾大学商学研究科博士課程修了（商学博士）。'98〜'99年米国スタンフォード大学客員研究員。2001年から慶應義塾大学大学院経営管理研究科教授。専門は、経営戦略、組織マネジメント、会計管理。主な著書に、『戦略と組織を考える　ＭＢＡのための７ケース』（中央経済社）、『エンタテインメント発想の経営学“遊び”が生む現代ヒット戦略』（ダイヤモンド社）、『ビジネス・アカウンティング　ＭＢＡの会計管理』（中央経済社）などがある。

経営《けいえい》の大局《たいきょく》をつかむ会計《かいけい》　健全《けんぜん》な"ドンブリ勘定《かんじょう》"のすすめ

2005年３月20日初版１刷発行
2005年７月30日　　６刷発行

著　者 ── 山根節
発行者 ── 古谷俊勝
装　幀 ── アラン・チャン
印刷所 ── 萩原印刷
製本所 ── 榎本製本
発行所 ── 株式会社光文社
東京都文京区音羽1　振替 00160-3-115347
電　話 ── 編集部 03(5395)8289　販売部 03(5395)8114
業務部 03(5395)8125
メール ── sinsyo@kobunsha.com

 ISBN 4-334-03297-4

179 謎解き アクセサリーが消えた日本史 浜本隆志

古代に豊かに花ひらいた日本のアクセサリー文化は、奈良時代以降なぜか突然消滅、明治になるまで千百年もの間、空白期が続いた。誰も解きえなかったこの謎を初めて解明する。

180 東京居酒屋はしご酒 今夜の一軒が見つかる・厳選166軒 伊丹由宇

「ああ、今日はいい酒だった」と言える店を求め、今日も夜な夜な東京を回遊する男一人。老舗から隠れた名店まで、いい酒と肴がおいてあるだけでなく、心がやすらぐ店を紹介。

181 マルクスだったらこう考える 的場昭弘

ソ連の崩壊と共に〝死んだ〟マルクス。その彼が、出口の見えない難問を抱え、資本主義が〈帝国〉へと変貌しつつある今の世界に現れたら、一体どんな解決方法を考えるだろうか。

182 ナンバのコーチング論 次元の違う「速さ」を獲得する 織田淳太郎

いかに速く走るか？ いかにスポーツのパフォーマンスを上げるか？ 「ナンバ」の発見以降、スポーツの現場で注目を集める武術や武道の動きを、豊富な取材をもとに解説する。

183 美は時を超える 千住博の美術の授業Ⅱ 千住博

アルタミラの洞窟画から、モネ、水墨画、良寛・芭蕉、メトロポリタン美術館、ウォーホル、現代美術まで――時空を超えて美の本質をさぐる。二一世紀に生きるための芸術論。

184 「書」を書く愉しみ 武田双雲

音楽家とのパフォーマンス書道や斬新な個展など、独自の創作活動を展開する武田双雲が伝えるまったく新しい書道入門。時代の流れに逆らうからこそ、いま花開く書の魅力。

185 築地で食べる 場内・場外・〝裏〟築地 小関敦之

築地食べ歩きの達人が、豊富な食に関する知識をもとに、TVや雑誌の築地特集とはひと味違う、本当に美味いものを紹介する。他に類のない、食べ手サイドからの築地情報が満載！